陕西出版资金资助项目

长安金石研究丛书
CHANG'AN JINSHI YANJIU CONGSHU

金文小考

宗鸣安 著

陕西新华出版传媒集团
陕西人民美术出版社

图书在版编目（CIP）数据

金文小考 / 宗鸣安著 . — 西安 : 陕西人民美术出版社 , 2021.6

（长安金石研究丛书）

ISBN 978-7-5368-3683-9

Ⅰ. ①金… Ⅱ. ①宗… Ⅲ. ①金文－研究 Ⅳ. ① K877.34

中国版本图书馆 CIP 数据核字 (2021) 第 122739 号

CHANG'AN JINSHI YANJIU CONGSHU

长安金石研究丛书

JINWEN XIAOKAO

金文小考

宗鸣安 著

陕西新华出版传媒集团
陕西人民美術出版社 出版发行

新华书店经销 北京雅昌艺术印刷有限公司印刷

787mm×1092mm 1/16 开本 13.5 印张 143 千字

2021 年 6 月第 1 版 2021 年 7 月第 1 次印刷

ISBN 978-7-5368-3683-9

定价 : 88.00 元

地址 : 陕西省西安市雁塔区曲江街道登高路 1388 号 邮编 : 710061

发行电话 : 029-81205258 029-81205300 传真 : 029-81205299

序言

宗鳴安

陝西作爲中國先民們生活的主要活動區域，遺留下許多值得研究的文物古迹。青銅器則是衆多文物中的精華，特别是青銅器上的銘文更是商周文化靈魂之所在。商周時期由於年代久遠，自古没有一部完整的記録商周歷史的書籍。記載最多的，也就是《史記》上的《殷本紀》《周本紀》及部分《世家》。其他有關商周的資料則散見於各種典籍之中。青銅器銘文習稱金文，作爲商周先民記録人物、事件的直接證據，它與甲骨卜辭一樣，成爲反映商周先民活動的最真實的“史籍”。我們可從各個層面上對金文進行研究，吸取其中的“養分”來補充今天人們史學研究之不足。大凡研究金文有以下幾方面的内容：

一、政治制度：商周時代藉以維係整個社會進程及社會穩定的三個關鍵制度是：昭穆制、宗法制、封建制。昭穆制是二元的首領接替制度。它是封閉的内婚性的在王公貴族之間施行的制度，决定這種制度的關鍵是婚姻的血統關係。宗法制，即分支的宗族制度，由王公貴族的血統關係所形成的宗族，其成員在政治上和祭禮儀式上的地位，即决定该宗族的社會地位。封建制，即分支的宗族在新城邑中建立。他們是父系主幹上分離出的，由族長帶領族人在新的封地上建立的一個新的政治領域。由於這種制度的實施，所以，商周青銅器銘文中經常出現“皇考”“皇母”等字樣，就是鑄器者以此來證明自己的皇族血統，以显示自己身份的高貴。

二、禮儀制度：它是社會文明程度的重要表現。《禮記·禮器》中说

“三代之禮一也，民共由之”，即言夏、商、周三代的禮儀制度是基本一致的。夏代目前還没有直接的文字、實物可以證其真實的歷史。而商周時代則可通過卜辭和青銅器上的銘文瞭解當時人們的社會生活狀況，如房宅建築方法，宫殿的分布及使用，官職的設置，對大臣部屬的賞賜，從賞賜物中又可看出人們生活狀況以及社會發展的水平等。宗教是人类社會活動的另一主要方面，上古的宗法活動主要是“祖先崇拜”。通過對祖先的崇拜，來肯定個人在社會中的地位。青銅器則是這種宗教的最高象徵物与禮器，代表神與人的信物。這種帶銘文的青銅器，大多不是日常生活的用物，它代表了一定的意義，象徵着等級、權勢。

三、文字藝術：此中包含文字的發展结構（所謂的六書）、書寫特點、章法布局等方面。本書對此方面的説明主要放在文字的發展與结構上，儘可能地通過古代典籍來證明某一字在金文中的最接近、最確切的意義，衹有理解了這種關鍵字，這一篇金文所表現的内容纔能真正展現在我們面前，纔能從中瞭解到古人的生活，瞭解到後人在文字研究中所謂“六書”的真正含義。對于一部分金文中常見的字詞，如“既生霸”之“霸”字，“格太室”之“格”字，“右某某”之“右”字，本人儘可能地依據史籍釋出不同於前人、并具有一定的新意來。本書中有十個以上前人未釋，或解釋不清楚的字詞，本人給予了較爲通順的解釋。自認爲這是本書最令人欣慰的地方，也是本書较爲具有價值的部分，儘管這些内容尚有待商榷。

本人自1989年開始收集金文拓片，至今凡三十年，所藏已逾千種。本書所選的一百種，不少是前輩金文研究書籍中所没有的。在此需要説明的是，這些銘文在本書中并没有按一定時間先後順序排列，而是隨寫隨記，讀者如需查閲，望照目録按圖索驥，本人在各圖前都做了時間的推斷，想是基本正確。出版本書的目的，衹是想讓熱愛鐘鼎文字的朋友們能從中瞭解一些中國古代文字、古代文化，從而引發興趣，增加信心來進行更深層次的研究与學習，如此而已。

二〇一九年十二月於西安曲江

目録

| 引言 001

一　商尊 002
二　父己卣 004
三　游鼎 006
四　䙶尊 008
五　交君子簠 010
六　諶鼎 012
七　叔師鼎 014
八　孌婦簋 016
九　芈季角簋 018
一〇　姞氏簋 020
一一　伯憲盉 022
一二　鄂侯簋 024
一三　微子鼎 026
一四　訧敦 028
一五　太師望鼎 030
一六　兮仲簋 032
一七　叔侯簋 034
一八　杜伯盨 036
一九　陳逆簠 038
二〇　父丁鬲 040
二一　伯寵父鼎 042
二二　仲師父鼎 044
二三　尚饙鼎 046

二四　師遽尊 ························ 048
二五　用饗簋 ························ 050
二六　魯士簠 ························ 052
二七　拍尊 ························ 054
二八　静簋 ························ 056
二九　吴方尊 ························ 058
三〇　趩簋 ························ 060
三一　衍耳簋 ························ 062
三二　父辛卣 ························ 064
三三　嬴季尊 ························ 066
三四　史頌簋 ························ 068
三五　虘簋 ························ 070
三六　叔向父簋 ························ 072
三七　叔鄂父簋 ························ 074
三八　周棘生簋 ························ 076
三九　害叔簋 ························ 078
四〇　貞從簋 ························ 080
四一　量侯豸簋 ························ 082
四二　婦鄁鼎 ························ 084
四三　仲義父鼎 ························ 086
四四　無員簋（一） ························ 088
四五　無員簋（二） ························ 090
四六　虢仲盨 ························ 092
四七　虢叔簠 ························ 094
四八　雝伯鼎 ························ 096
四九　鼉觶 ························ 098
五〇　鴝仲多壺 ························ 100

五一　諫簋　…………………… 102
五二　齊侯盤　…………………… 104
五三　齊侯敦　…………………… 106
五四　鑄子盨　…………………… 108
五五　番君簠　…………………… 110
五六　趞姞鼎　…………………… 112
五七　仲伯壺　…………………… 114
五八　向卣　…………………… 116
五九　叔男父匜　…………………… 118
六〇　諸姛匜　…………………… 120
六一　看家父鼎　…………………… 122
六二　寫妧鬲　…………………… 124
六三　姬作鬲　姜作鬲　…………………… 126
六四　趙罍　…………………… 128
六五　仲夏父鬲　…………………… 130
六六　師望鼎　…………………… 132
六七　季良父盉　…………………… 134
六八　商丘叔簠　…………………… 136
六九　魯伯愈鬲　…………………… 138
七〇　穴卣　…………………… 140
七一　師遽簋　…………………… 142
七二　舍父鼎　…………………… 144
七三　魚父簠　…………………… 146
七四　仲雝父匜　…………………… 148
七五　㞒敖簋　…………………… 150
七六　趞曹鼎　…………………… 152
七七　萊侯簋　…………………… 154

七八　叔子穀盤 …………………… 156
七九　格伯簋 …………………… 158
八〇　鄦子簋 …………………… 160
八一　齊太宰盤 …………………… 162
八二　曾諸子鼎 …………………… 164
八三　伯家父簋 …………………… 166
八四　過伯簋 …………………… 168
八五　伯我盤 …………………… 170
八六　義楚耑 …………………… 172
八七　虢叔旅鐘（一） …………………… 174
虢叔旅鐘（二） …………………… 176
八八　窸簋 …………………… 178
八九　單伯盤 …………………… 180
九〇　永宮鬲 …………………… 182
九一　無惠鼎 …………………… 184
九二　盂簋 …………………… 186
九三　師能尊 …………………… 188
九四　杲盂壺 …………………… 190
九五　翼父簋 …………………… 192
九六　芮伯尊 …………………… 194
九七　雝嬴簋 …………………… 196
九八　瘓壺 …………………… 198
九九　亂皇父簋 …………………… 200
一〇〇　處女鬲 …………………… 202

主要參考書目 …………………… 204
後記 …………………… 205

引言

商周青銅器上的文字，是記録先秦歷史最可靠的文獻資料，也是中國文字發展、文字藝術之美的一種表現形式。所以，我們不僅從這些金文裏看到了真實的歷史記録，同時也體會到了中國文字的内涵與書法之美。本書收録了商周至戰國時期鐘鼎彝器上的文字共一百種，其中不少已經毁于戰亂或流失海外，因而本書的内容就顯得尤爲珍貴了。加之作者將這些商周金文詳爲考釋，爲讀者提供了一個較爲可靠的學習資料，相信讀者能够從中得到一些益處吧。

一　商尊

周武王早期

釋文　　唯五月辰在丁亥。帝司商庚姬貝卅朋，徙絲廿寽。商，用作文辟，日丁寶尊彝，保子孫。

考説　　“唯”，助詞，金文多用於時間前來表示肯定。另在句首作發語詞时，無意義。“辰”，時刻，時日也。《爾雅・釋訓》：“不辰，不時也。”郭璞注：“辰亦時也。”《吕氏春秋・孟春紀第一》：“乃擇元辰。”“商”，即“賞”字。古文作“商”，不從貝。經籍多作“賞”，金文作“商”。“商”爲賞賜之專用字。金文“司”“后”相通。“帝司”即“帝后”。“庚姬”，續姬也。《詩・小雅・大東》：“東有啓明，西有長庚。”毛傳：“庚，續也。”“徙絲”，即徙地所産之絲。“寽”量詞，讀若“略”。又作“鋝”，三鋝爲廿兩。“辟”通“嬖”，寵愛、偏愛義。“文辟”，即爲表示或顯示出寵愛義。“丁”意爲“逢”“有”。“日丁”，言每日得到此寶器帶來的吉祥，并保佑子孫。

二　父己卣

商代紂王晚期

釋文　　卤作寶尊彝父己。

考説　　商周金文中多有“尊彝”二字。二字連用時，并非指此器爲“尊”爲“彝”，“尊彝”是商周時对禮器的總稱。然“尊”亦有專指，如：壺、卣、罍等，可稱爲“尊”。侈口的盛酒器，亦可稱爲“尊”。“彝”却没有專器可指，此説諸前輩皆以爲然。

此器首字有釋作“卣”者，不確。“卤”乃人名。“卤”爲其父己作器。釋爲“卣”則與文不合，且商周没有以器名作人名者。

三　游鼎

商代武丁晚期

釋文 游，辛巳（鼎形）祖丁，父癸。

考說 這是一件典型的商代鼎文。中一人執大旗形，《說文》作“游”字。此即商人辛巳日游行後，告於祖廟列宗的禮器。“祖丁”，甲骨文“丁”多作“口”形。“祖丁”是商代的直系帝王。《史記·殷本紀》曰：“帝沃甲崩，立沃甲兄祖辛之子祖丁，是爲帝祖丁。”“父癸”不一定是祖丁之子，而是造器人的“父親”。商代帝王自甲微後，都以天干爲謚號。具體制法，至今未有定論。但有一點可以肯定，就是名甲者一定在甲日祭祀，名乙者在乙日祭祀。

四 䙴尊

商代武丁中期

釋文　　覟作寶尊彝。

考説　　“覟”即“覟”，從見，從朿。右邊形如棗樹，上挂有果實。《説文》：“棗，從重朿”，上下重叠。故首字釋爲“覟”。《説文》：“覟，覰，窺觀也，從見。”《廣韵·脂韵》：“覟，盗視”，今音讀若“刺”，棗樹有刺。讀音與字義相近，爲人名。此爲商代青銅器銘文，古人正處於造字階段，原字不多，故多諧音重字。

五　交君子簠

周成王晚期

釋文　　交君子大，肇，作寶簠，其眉壽，萬年永寶用。

考説　　《三代吉金文存》，“”釋爲“匤”，另有釋“”爲“簠”者，因“簠”與“匤”器形相近，皆爲貯存稻糧之用，而“簠”大多爲圓口，“匤”大多爲方口。“”在金文上亦常作“”“”。有一圓口“鑄子簠”，銘文内“簠”即寫作“”。“匤”字《説文》無此字。故，無論從内容或外形觀之，“匤”與“簠”基本相近。故釋“”爲人們熟悉的“簠”字較爲合適。“交”，結交，交往。吴清卿《説文古籀補》：“古文肈、肇、肁三字并通。”“肇”，開始、謀劃義。《説文》：“肁，始開也。”《離騷》：“皇覽揆余初度兮，肇錫余以嘉名。”

六　諶鼎

周穆王早期

釋文　　諶，肈，作其皇姬、皇母、諸妣君鼎，鼎諶，其萬年眉壽，子孫孫永寶用享。

考説　　“諶”爲人名。“肈”指古代祭天時的神位。古文肈、肇相通。《詩・大雅・生民》：“以歸肇祀。”故“肈”引爲祭祀。另，亦作開始解。“妣”金文省作“匕女”“比”，已故的祖母輩稱爲“妣”。《詩・小雅・斯干》：“似續妣祖。”鄭玄注：“妣，先妣姜嫄也。”顧炎武《日知録》卷一：“愚考古人自祖以上通謂之妣，經文多以妣對祖而并言之。”此諶鼎銘文上的輩分排列，由近及遠，此處“妣”定指祖母諸輩。故由此可證古經典籍上的文字。

七　叔師鼎

西周恭王晚期

釋文　叔師父，作尊鼎，其永寶用。

考說　此件金文不難理解，然三代銅器上多次出現“叔”“師”二字，却頗聚訴訟。“”乍看絶似“第”字，而在文中亦有“次第”意。考諸《説文》《爾雅》《詩經》《儀禮》等典籍，約有十種以上意義。要之者三：一、輩分之稱。二、排行次序，伯、仲、叔、季。三、姓氏。再考“師”字，亦有十餘種意義。其主要者三：軍隊編制；官名；姓氏。與本文相關者，即官名。《書・君奭》：“召公爲保，周公爲師，相成王爲左右。”另，教民之官、軍隊長官、樂師、醫生等皆稱爲“師”。“父”，古人對成年男子的尊稱，亦作“甫”。周人製器定爲尊者而用，因衹有尊者纔能通神靈。祭祀尊者，求其告與神，祈神降福。故，叔師鼎定是爲做過“師”、排行“叔”的男子而作，求其降福。

八　䜌婦簋

西周成王早期

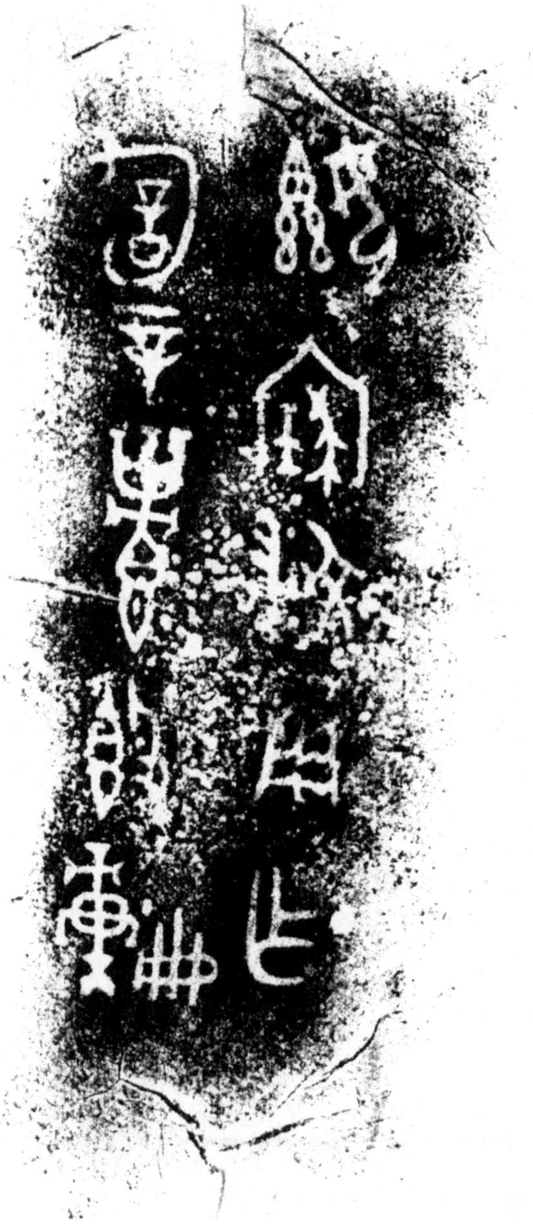

釋文　　變。寐婦，用作詢辛，貴簋，庚册。

考説　　此件銘文諸前輩不能定論者四字。首字“”貞松堂以爲“”字。其字義不可解，《説文》未見。余以爲此字當作“變”字解。或問“變”上當有一“言”，而此字衹作“”。考諸甲骨文字，言爲表形字，作舌形。“”正與舌形似。“”字前輩無有定論。有釋作“寶”者，大謬。考諸金文，“”作“未”。“”作“爿”字邊旁，“”亦有作“爿”字旁者，可通。故“”可釋爲“寐”。“”有釋爲“訇”者，與本文意不能合。“”單獨時即爲“旬”字，加“言”旁當爲“詢”字。“”衆説多不可解。余以爲此實爲“簋”字。上部即金文“”右邊的變形，而移至上半。“簋”與“貴”相近，故諧爲“貴”字。金文常用“尊簋”“寶簋”等詞，尊、寶皆貴重之義。故“貴簋”亦是一例。

觀此件銘文大意，主人作此簋，定是在祖廟詢問婚姻大事時的禮器。周人初不與外族通婚，稱爲“寐”的婦人是屬“辛”這一血統族裔的，而詢者則屬“庚”這一血統。在周代許多大事如傳位、婚姻、配祀等都是以血緣關係爲基礎的“昭穆制”來決定的。“寐”與器主人雖不屬同一族裔，但根據前輩對“昭穆制”的研究表明，“辛”與“庚”這兩組血統是有可能配婚的。

九 芈季角簋

周庄王晚期

釋文　　羋季角作寶簋，其萬年子子孫永寶用。

考説　　“”貞松堂釋爲“”，無形無意，諸書不載，故前人多不能釋。余以爲“”即“羋”字。《五經文字·羊部》：“羋，彌耳反。”讀若“買”音。《玉篇·羊部》：“羋，羊鳴也。又姓，楚之先也。”考諸《吴越春秋》：“昔周成王封熊繹子男之田於蠻荆之地。至莊王時賜姓爲羋。”因“羋”從羊，羊與祥通，亦有吉祥之義。故“”爲“羋”，爲姓氏無疑。“”，《説文》無此字。考諸甲骨文，有“”釋爲“角”。此“角”字上多一小圈，强調爲公羊之角。另有人將“”釋爲“嗌”者。金文“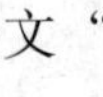”爲“嗌”，釋作“嗌”與此銘文内容相左。二字各自表意，不可混爲一談。

一〇 姞氏簋

周幽王晚期

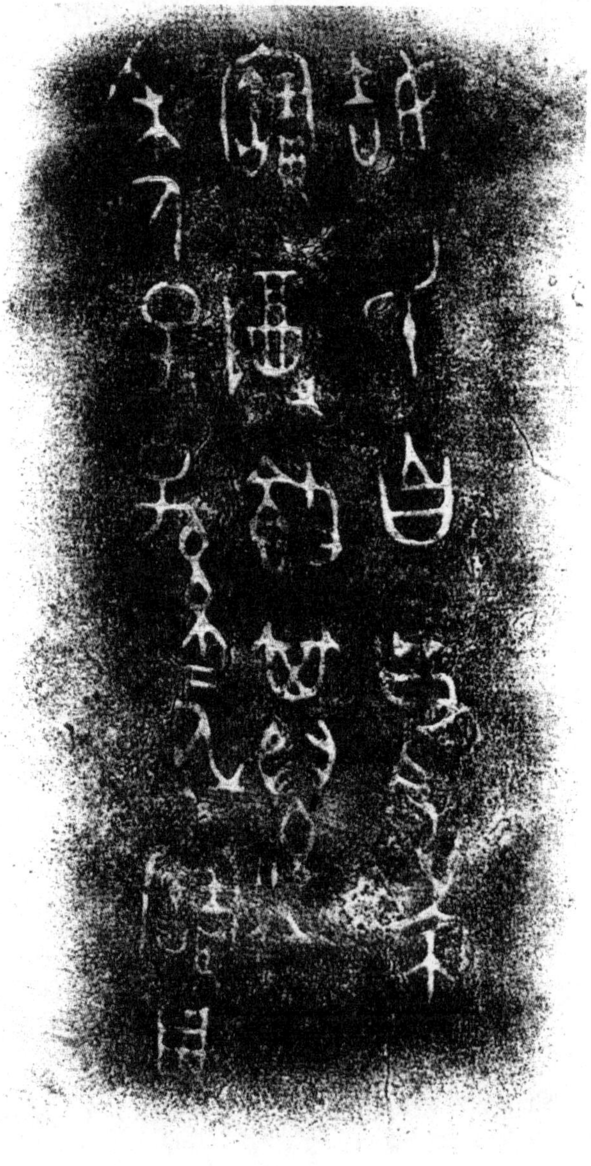

釋文 姞氏自作爲寶尊簋，其萬年子子孫孫永寶用。

考說 《説文》："姞，黃帝之後百鰍姓。從女，吉聲。"《史記》："姞氏爲后稷元妃。南燕、密須皆姞姓之國，後改爲吉氏。"此姞氏當是"后稷元妃"的族人之後。

先秦貴族階層製作青銅器，除祭祀祖先、祈求神靈外，還有一個重要目的，就是肯定、宣示個人在宗族譜系中的地位。這個地位又由祖先的地位來決定。所以，古人把祖先崇拜當作最高的宗法理念來看待就是這個道理。

一一　伯憲盉

西周康王晚期

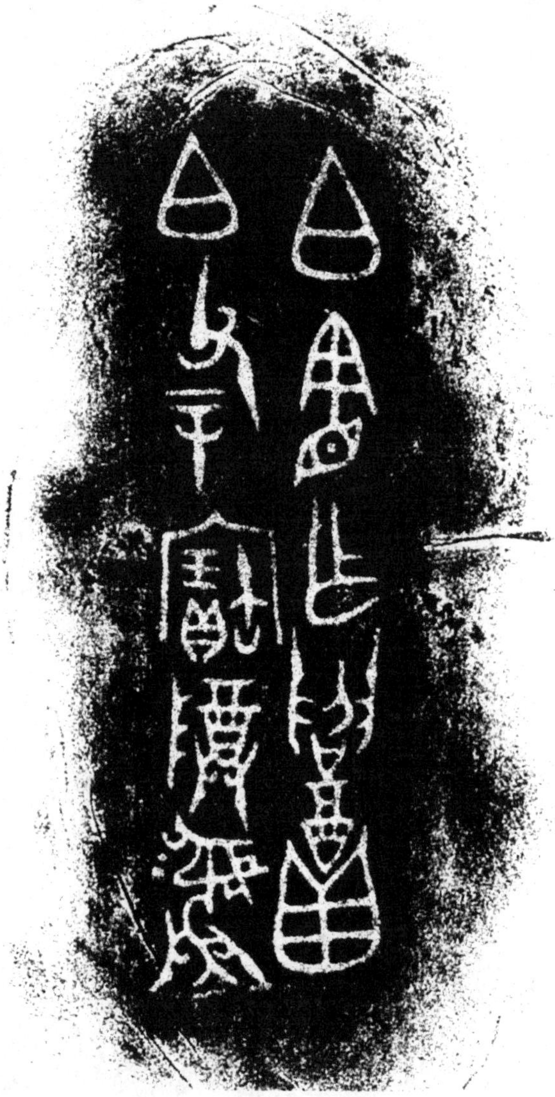

釋文　伯憲作召伯父辛寶尊彝。

考説　此乃伯憲爲其父召伯所作的祭器。《史記·燕召公世家》："召公奭與周同姓，姓姬氏。周武王之滅紂，封召公於北燕。"後稱燕召公。成王時與周公旦分陜而治，其後人在原居周地及後封燕地皆稱召公。時亦有稱"召伯"者。《詩·召南·甘棠》："蔽芾甘棠，勿翦勿伐，召伯所茇。"召伯即召公。"伯憲"爲召伯之子。"父辛"即指召伯在祖廟内神位上的排列次序。另有一説是亡者的祭日順序。

一二　鄂侯簋

周桓王早期

釋文　鄂侯作王姞猒簋，王姞其萬年子子孫孫永寶。

考説　首字貞松堂作“噩”。《説文》無“噩”字，本作“咢”。《説文·土部》：“垠，地垠咢也。”段玉裁注：“古者边界謂之垠咢，咢作鄂者，皆假借字。”知“噩侯”即“鄂侯”。先秦史上共有兩處出現“鄂侯”，以此器文辭、書法特徵來看，此“鄂侯”當是周桓王時之“鄂侯”。“王姞”即指周王妃，姞姓。姞姓爲黄帝之後，后稷元妃也姓姞。所以，後代以娶姞姓之女爲大吉事。《毛詩傳箋通釋》：“尹氏、姞氏，周室婚姻之舊姓也。”《左傳·宣公三年》：“吾聞姬、姞耦，其子孫必蕃。”“”，諸前輩皆未釋，《説文》亦無此字。余以爲此字當是“猒”字。此“猒”字左旁作“”可釋爲“肙”，右旁“”前人不釋，實爲倒寫之“犬”字。金文“犬”做“”形。而此處衹是將犬腿寫在下邊，身體移到了上方。上古文字上下移動是經常之事。《説文》中“猒”“厭”相通，又假借爲“懕”。“懕”，美好也，意合文通。

一三　微子鼎

周成王早期

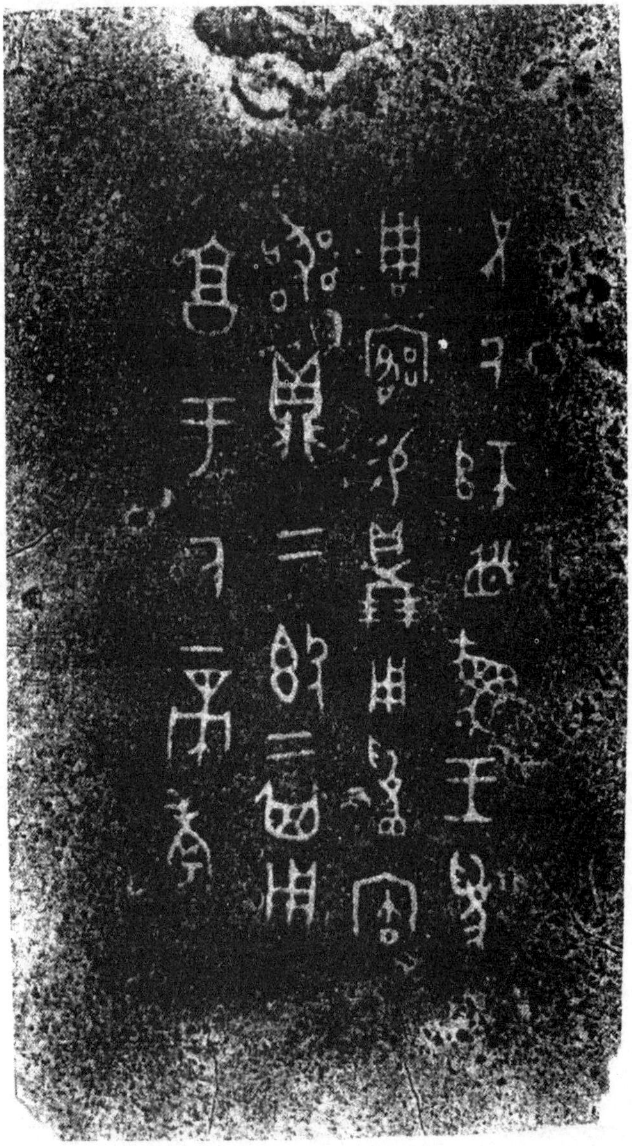

釋文 祝氏師，眉（微）覲王，爲周窸。賜貝五朋，用爲寶器，鼎二、簋二。其用享于氏帝考。

考説 首字釋爲“兄”，假爲“祝”，祈禱之義。有釋“兄”爲“貺”者，“貺”，賜也，與文義不近。“र”釋作“氏”，氏族也。“氏師”即“師氏”。微子曾爲商帝太師故稱“師氏”。“覲”前人皆未釋出。余所藏此器拓本二種，一爲鼎，文五行。一爲簋，文四行。字數内容相同，唯個别字稍有變化。細審第五字，爲“覲”字無疑，“覲”，以禮相見也。古文“眉”與“微”相通，眉覲即微覲。

此器前人考爲紂王之庶兄微子啓所造。吴清卿命此器爲“窸鼎”。“窸”通“客”。《詩·周頌·有客》言微子客周事。微子因數諫紂王，王不聽，故去國。周滅商，稱臣於周。周公旦封微子於宋，代爲殷商後裔，奉其先祀。此器爲微子啓作客宗周歸宋後所造之器，將此次行程告於族廟，故文後辭曰“其用享于氏帝考”。就是説：此次客周所得寶物願與我們氏族先帝們共享。殷商王朝的帝王，生而稱王，死而稱帝。周滅商後廢帝改稱王。

一四　詁敦

周宣王中期

釋文　詁作皇母尊敦（簋），其子子孫孫萬年永寶用。

考説　在商周時代，藉以維係整個社會進程及社會穩定的三個關鍵制度是：昭穆制、宗法制、封建制。宗法制的分支即宗族制度。

一個由王公貴胄血親關係而形成的宗族，他們在整個社會中的地位，由族内某個成員在貴族社團中政治上和祭祀儀式上的地位決定。由于這種制度的緣故，商周青銅器銘文上經常出現“皇考”“皇母”“皇父”等文辭。這是造器者以此來證明自己皇族血統，藉以確定自己的政治地位和宗族地位。因爲衹有這種人纔能進入祖廟，生時可與祖同語，死後可享受配祀，被人禮拜。這就是“詁”亮出“皇母”名義，製造此器的原因。

一五　太師望鼎

周武王早期

釋文　太師人望，呼，作寶鼎，其子孫孫用。

考說　首字“大”古文通“太”。“”釋作“望”。考諸甲文，右旁像人睁目遠望形，即“望”字。左旁上部釋作“臣”，下部雙手捧物形古文釋作“王”省，即甲骨文之“𦣠”字，亦爲“望”字。二字合文仍釋爲“望”。“呼”即“傳呼”“呼召”。王呼召臣入朝議事謂之“呼”。豆閉簋銘曰：“王呼内史册命豆閉”。衛簋銘曰：“王呼内史賜衛”。《史記·周本紀》：“武王即位，太公望爲師，周公旦爲輔。”此器當爲太公呂望應周王呼召，覲見後所作之器。

一六　兮仲簋

周宣王中期

釋文　　兮仲作寶簋，其萬年，子子孫孫永寶用。

考說　　“兮”，前人有釋作語氣助詞者。然“兮”作爲助詞，應用于韵文語句中間或末尾，無見用于詞頭者。考諸商周金文，有兮伯吉父盤者，記述兮甲（尹吉甫）隨周宣王征伐獫狁的事迹。兮爲姓氏，甲或伯爲同輩排行次序，吉父或吉甫爲名字，尹爲官名。古人向来有以伯、仲、叔作名者。如管仲、管叔、伯夷、叔齊等。此器銘文中“兮仲”二字當爲姓名無疑。然而是否爲周宣王的大臣“兮甲”之弟，則待日後考之。

一七　叔侯簋

周宣王晚期

釋文　叔侯父作尊簋，其子子孫孫永寶用考。

考説　“叔”有人釋爲“吊”。余以爲古文雖“叔”“吊”相通，然當作何字，一定要以全文詞義定之。“吊”是“吊問”“吊唁”之義。古時并非專爲“弔”問死人而作器物，大多情况是記事、求福。所以，余再次强調此爲“叔侯”之“叔”，是講兄弟次序或平輩次序。《禮記·檀弓上》：“幼名，冠字，五十以伯仲。”就是説，男子五十歲時，就可以用伯、仲稱呼，表示尊敬之義。另有一“伯”字是爵位名稱，如公、侯、伯、子、男。爵位名一般用于姓名之後，如召伯、齊侯、秦公等。此器銘文最後一字“丆”，釋爲“考”。吉祥語，延壽相傳之義。

一八　杜伯盨

周宣王早期

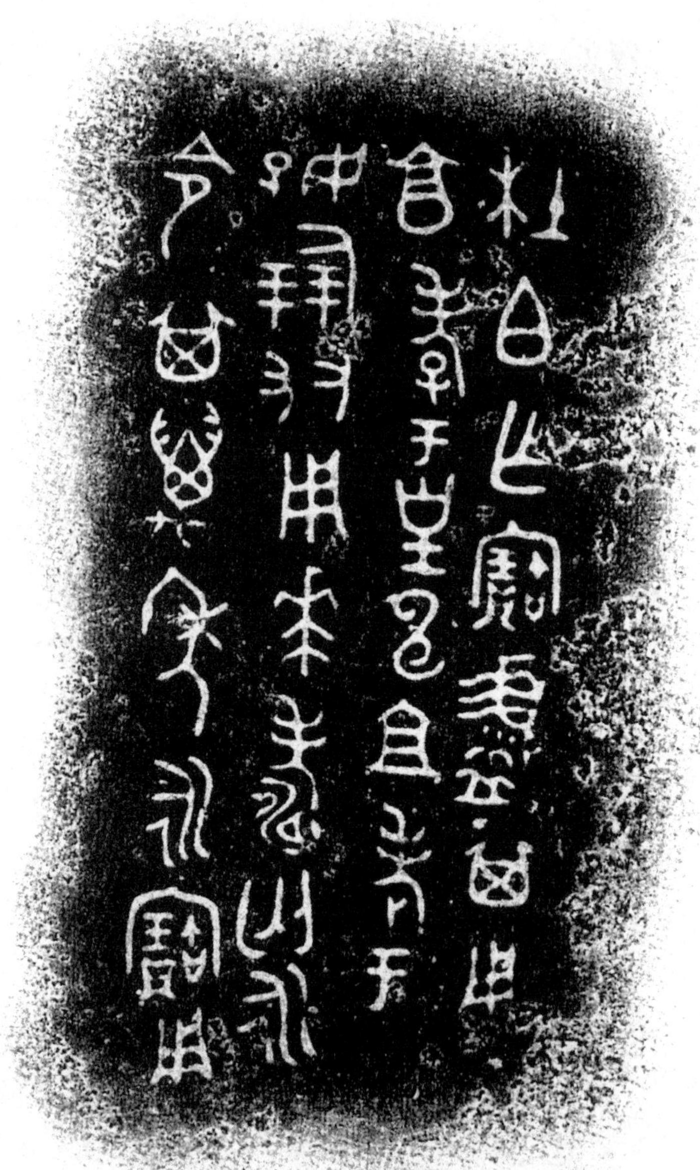

釋文　杜伯作寶盨，其用享孝于皇申、祖考，于好朋友。用華壽匄永令其萬年永寶用。

考説　杜伯，周宣王時大夫，祁姓，封於杜，故名杜伯。宣王聽信謡言殺杜伯，事見《墨子》《史記·封禪書》等。“盨”有釋作“簋”者，不確。《説文》：“盨，櫝盨。負戴器也，從皿須聲。”盨是古代盛食物的器具。橢圓形，圓口圈足，雙耳有蓋。此器另有一蓋，銘文大同小异。

金文“申”通“神”，“皇申”即“皇神”。“丩”釋作“匄”。《説文》：“匄，乞也。”古文用其聲假爲“乞”字，意如乞求、給與。《漢書·陳湯傳》：“（湯）家貧匄貸無節，不爲州里所稱。”

一九　陳逆簠

周貞定王中期

釋文　唯王正月初吉丁亥，小子陳逆曰：余，陳桓子之裔孫。余寅事齊侯，懽邺宗家，擇氒吉金，以作乃元配季姜之祥器，鑄兹寶簠，以享以孝于太宗、皇祖、皇考、皇母，作𧰼永命，眉壽萬年，子子孫孫永寶用。

考説　陳逆，春秋周敬王時人。《左傳·哀公十四年》：“子我夕，陳逆殺人，逢之，遂執以入。”此器銘陳逆自言“陳桓子之裔孫”。陳桓子，周簡王時田敬仲之後。《史記·田敬仲完世家》：“敬仲之如齊，以陳字爲田氏。”故“陳桓子”又爲“田桓子”。“桓”前人有釋爲“趄”者，細審原拓偏旁當爲“木”。釋爲“桓”，正與文意合。陳逆其祖事於齊，故陳逆亦事於齊侯。“寅”，恭敬也。“⿱睪廾”前人釋作“睪”，不得其意。余以爲下部雙手捧形，可轉爲手旁，故釋爲“擇”。“氒”，《説文》：“從木，讀若厥。”“氒”通“橜”，敬順意。敬重地擇取吉金鑄造器物，用來祭祀原配夫人。“𧰼”，《説文》：“修豪獸，一曰河内豕。”今名刺猬，希聲。古文諧音爲希冀之“希”。

此器作於“丁亥”年。考之當爲戰國初周貞定王介十五年（前454年），距哀公十四年陳逆殺人被執後二十七年。由此可知，此器爲陳逆晚年所造。

二〇　父丁鬲

商帝乙早期

釋文 乙亥，王既在熊師，王饗酒尹令絺還。唯各商（賞）貝，用作父丁彝，唯王正井方鬲。

考說 《尚書·禹貢》：“導洛自熊耳。”《新唐書·王世充傳》：“熊，穀二州在度内，不取，敦鄰好也。”“熊”爲地名，王欲出師征伐聚師於熊，故曰“熊師”。“絺”，《説文》：“從一 希，息利切。”諧爲“犧”。作爲祭祀的牲曰犧。此銘言王聚師於熊，賞酒賞貝又令獻犧於祖廟問還師事。并整治井田規劃農舍以明分封。“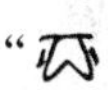”，前人衹依形畫出并不釋義。余以爲此即“鬲”字象形。鼎空足者謂之鬲。《説文》：“鬲，鼎屬，……三足。……郎激切。”讀若犁。“鬲”爲貯放糧食的器皿，又引申爲糧食、農舍。此銘前人有稱爲“乙亥鼎”者，以其器類鼎也。今余以文義改爲“父丁鬲”。

二一　伯寵父鼎

周宣王晚期

釋文　　伯寵父作寶鼎，其子子孫孫永用井。

考説　　寵父之“寵”，前人有釋作“”者，不確。“”左旁即“竜”，同“龍”。右旁雙手捧形，以示愛護之義。《集韵·鍾韵》：“竜，寵也。”“寵父”，人名，西周時人。“井”，有數義，一爲井田之“井”；一爲水井之“井”；一爲春秋時國名，邢國之“邢”，又爲刑名。然，以上數義大都與本文無關。古人以物投井，響聲作“井”字。故，余以爲“井”以音借爲“享”字，“用享”，金文常用詞。

二二　仲師父鼎

周成王中期

釋文　仲師父作季姃娰寶尊鼎，其用享，用考于皇祖、帝考，用錫眉壽無疆，其子子孫孫萬年永寶用享。

考説　“師”为官名，“仲師”即小師，大師之屬也，見《周禮·春官》。“姃”同“姝”，《説文》：“姃，好也，從女，殳聲。”《詩·邶風·静女》曰：“静女其姃”。姃是姝的异體。“娰”，《爾雅·釋親》：“女子同出，謂先生爲姒，後生爲娣。”所謂“同出”即同嫁事一夫。“姃、娰”泛指妻妾。吴式芬《攈古録金文》卷三所録與此銘文同，唯行數略异，或爲本器之蓋。吴式芬釋文：“用考于皇祖”，“考”字作“孝”字。余細審此銘文絶非“孝”字。是器蓋銘文不同？或爲刻工手誤？亦不得而知耶。

二三　尚饋鼎

周敬王中期

釋文　行邁，武，用尚饋鼎，用征，用行，爲甫人。

考説　《説文》："邁，遠行也。"《爾雅·釋言》："征、邁，行也。"皆出行之義。《詩·小雅·小宛》："我日斯邁，而月斯征。""⿹𢦏止"從𢦏，𢦏通哉。𢦏下多一"止"，又通武。古人寫字偏旁部首笔畫多有增減，即意近形旁任作。故"⿹𢦏止"即爲"武"字。《正字通·小部》："尚，奉也。"《説文·食部》：饋，滫飯也。"饋鼎，即蒸飯之器。《説文》："甫，男子美稱也。"甫人即美男子。可見這是一位貴族女子爲其心愛的美男子遠征，以便途中使用而奉上的器物。從這件銘文書法特點上看，雖無一般禮器文字書寫得莊重規整，隨意之处却也自然可愛。

二四　師遽尊

周昭王早期

釋文　唯正月既生霸，丁酉，王在周，康寢饗醴。師遽蔑曆友，王呼宰利，賜師遽瑂圭一，瑗璋四，師遽拜稽首，敢對揚。天子丕顯，休。用作文祖匜公寶彝，用匄萬年無疆，百世子孫永寶。

考説　生霸、死霸是商周金文中常出現的記時詞彙，歷來衆説不一。余以爲王觀堂先生之説最近古義，即分一月爲四份：初吉、既生霸、既望、既死霸。然此説亦稍顯繁複，且金文另有旁生霸等詞又不可解。考諸卜辭及歷代天文志，無將一月劃分爲四份之例，故應將一月劃分爲三份較爲合理。即：既生霸、旁生霸、既死霸。（“霸”字亦有書作“魄”字者）。或：初吉（朔）、既望、晦。考“霸”字，《説文》：“霸，月始生霸然也。承大月二日，承小月三日。從月。”又從革。再考“革”字，《説文》：“革，更也。古文革從三十，三十年爲一世，而道更也。”《玉篇·革部》：“革，改也。”由此可見“革”字與“月”合爲“霸”，含有分割、變動時間之義。“霸”是動詞，謂時間變動，或月亮圓缺變化。

“蔑”，微小，末尾也。《通鑒·光和元年》：“案松、覽等皆出于微蔑、斗筲之人。”“曆”，治理之義，通“吏”。“蔑吏”即自謙爲小官耳。師遽雖自謙爲小官，但王還是給這位“師”一級的人物賜了禮物：圭和璋。在古代這些物品都是名貴的玉器。

二五　用饗簋

周成王早期

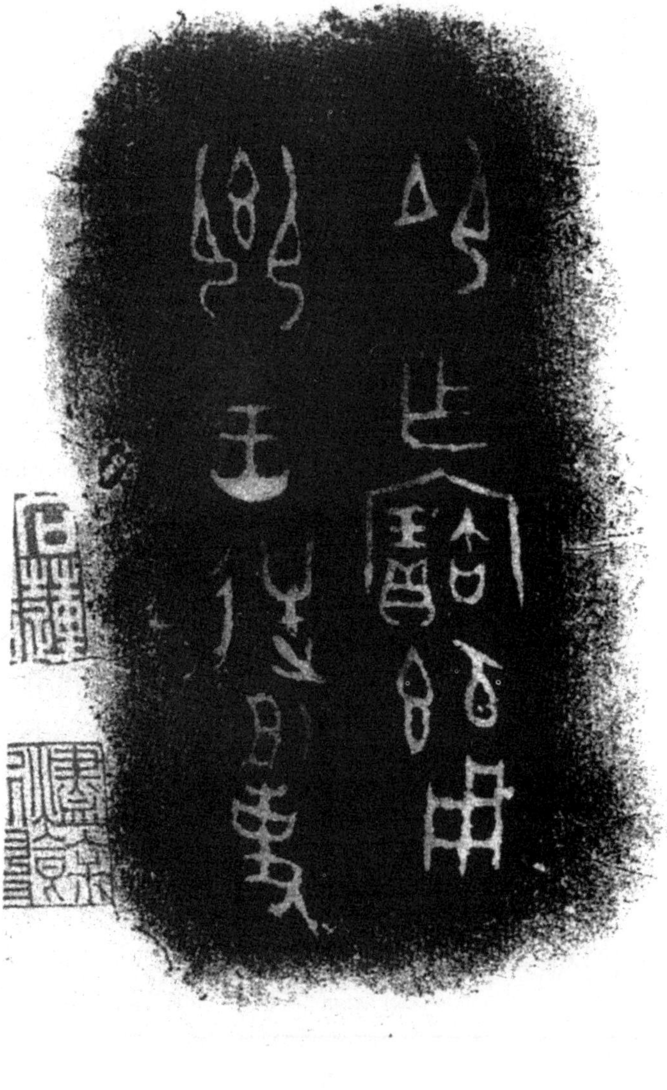

釋文　令作寶簋用饗，王逆百事。

考説　首字前人多不釋，衹依形畫出。考諸卜辭、金文，“令”字多上下結構，而筆意與此字一致，此字却作左右結構，古文字結體變化多如此。“”，前人多不釋，余以爲即“百”字。古文“百”字有將上横筆移寫下者，此處却移寫右旁作竪筆，亦是一例。“百”正與文意合。《説文》：“逆，迎也。”《儀禮·聘禮》：“衆介皆逆命，不辭。”鄭玄注：“逆，猶受也。”“逆”字此處作接受講。本銘文大意説：王行旅中停下休息，命作寶器用饗於臣下，并處理各種事物（百事）。“王”字末一筆道極誇張，像一把利刃大斧，表現出一位征戰四方、勇猛威武的王者的氣概。這是周武王時代的典型文字。

二六　魯士簠

周敬王早期

釋文 魯士浮父作飤簠，永寶用。

考説 “士”是古代人對有地位、有學識男子的美稱，在先秦時期的貴族系列中則屬較低一級。《禮記·王制》：“諸侯之上大夫卿、下大夫、上士、中士、下士，凡五等。”“浮父”，人名也。魯之浮父，“浮”亦有作“浮”者。《説文》：“飤，糧也，從人、食。”《玉篇·食部》：“飤”同“飼”，以食與人曰飤。“飤”作爲名詞時亦指糧食，作爲動詞時指以食物飼人。東方朔《七諫·怨思》：“子推自割而飤君兮，德日忘而怨深。”“簠”字在金文中寫法較多。此器呈長方形，爲盛放稻粱之類。余所見此器、蓋銘文共三種，文字稍异，皆潘文勤公手拓。

二七　拍尊

周敬王晚期

釋文　唯正月吉日乙丑拍作，朕配平姬庸宮祀彝。繼毋埕用，祀，永世毋出。

考説　這是一件春秋時代的青銅器銘文，從字體上看，屬吴越風格。“拍”吴音讀若“波”，又諧爲“伯”。故“拍”可釋作伯侯之“伯”字。“伯”，爲其居於庸宮的“姬”作祭祀時所用的彝器。“繼毋埕用”，“繼”是繼續，“埕”同“涅”。《説文》：“涅，黑土在水中也。”《方言》卷六：“涅，墊下也。凡柱而下曰涅，屋而下曰墊”。“繼”亦可通“忌”。忌，禁止。此句即：永遠享用，不可擱置。“永世毋出”與“永世毋忘”意同。明指毋忘器物之用，實暗喻決不忘人。“伯”表忠心之器也。

二八　静簋

周厲王早期

釋文　唯四月初吉丙寅，王在旁京。王錫静弓，静拜稽首，敢對揚，王休。用作宗彝，其子子孫孫永寶用。

考説　“”即蒡。古文從“林”之字與從“艸”同。“蒡”又通“旁”。“旁京”即京城之旁側。静即周宣王。另有静敦銘曰：“王命静嗣射學宫。”《周禮》：“習射於澤宫，太子之事也。”静爲太子時循周禮習射，故周王賜弓予静。“敢對揚”，“敢”是謙辭，自言冒昧。《廣雅・釋詁上》：“揚，説也。”此句即：冒昧地答對王的問話。“王休”，《廣雅・釋詁一》：“休，喜也。”《詩・小雅・菁菁者莪》：“既見君子，我心則休。”爲了記録父王賜弓這一愉快的時刻，“静”特製作一簋，置之宗廟以爲禮器，故曰“宗彝”。

二九　吴方尊

周簡王晚期

釋文 唯二月初吉丁亥，王在周，成大室。旦，王格廟宰，朏，右（又）作册。吳入門，立中庭，北鄉（向）。王呼史成册命吳嗣旃。眔叔金，錫秬鬯一卣。玄衮衣、赤舃、金車、桒弓、朱虢旂、虎冟、柬裏、桒較、畫轉、金甬、馬三匹、攸勒。吳拜稽首，敢對揚。王休，用作青尹寶尊彝。吳其世子孫永寶用。唯王二祀。

考説 “格”，治理、理事。《廣韵·隊韵》：“朏，向曙色也。”天將明也。“嗣”通“辭”。《廣韵》：“旃，於廣切，上儼影。”“旃”，揚聲，通揚。“叔”通“輸”，給也。“秬”通“巨”。“舃”本義已失，古人稱木履爲“舃”，與今“鞋”字通。“桒”，卉聲，疾也。“桒弓”即快弓，勁弓。“虢”，傳説中的猛獸。“柬”，古通纁。《爾雅·釋器》：“三染謂之纁。”“柬裏”即染製精美的内衣。“桒較、畫轉、金甬”，都是馬車上的裝飾物。“青尹”，《周禮·冬官》：“東方謂之青。”“尹”即治理或官名。此器是周王賜給吳，作爲治理東方領地的信物。“吳”即“吳國”。吳之太伯是周太王之子，太王欲立太伯之弟季歷爲王，于是太伯奔荆蠻之地，建吳國。歷十九世，至壽夢始稱王。《吳越春秋》：“壽夢元年，朝周。”此器或爲吳王壽夢朝周後所製物。《三國志·吳書·吳主傳》記孫策在途中爲孫權説吳之先主受周命，治理東方事。其引文與此器銘文多一致。可見晋以前此器尚在吳中。

三〇 趩簋

周簡王早期

釋文　唯三月初吉乙卯，王在周，格大室。咸井。叔入右趩。王呼内史册命，趩更乃祖考服。錫趩織衣。緯市。絅黄旂。趩拜稽首，揚王休對。趩箴歷用作寶尊彝。世孫子毋敢墜，永寶，唯王二祀。

考説　“趩”爲人名。“趩”實爲“異”之假字。邵鐘銘有云：余異公之孫，邵白之子，“異”又通“翼”。《左傳·隱公五年》記：晋穆侯遷都於降，改降曰翼。故晋穆侯又稱爲翼侯。此或爲晋侯赴周覲王時所作器。從銘文上看，與《吴方尊》内容相似，當年二月“王在周成大室”，三月晋侯至時，王已在“大室”開始治理事務了。據史載，此時爲周簡王元年：正是晋翼侯欲遷都之年。《左傳·成公六年》：“晋人謀去故绛”云云。周王當時雖已無實權，然諸侯却多喜朝覲周王議事，以示自己行事之正統。故晋侯來見，周王讓史官册記此事。并“命”晋侯更换乃祖祭祀之物。賜給晋侯織綿衣，緯市（市即韍，古代朝覲或祭祀時遮蔽衣前的一種服飾），絅黄旂，即麻製旂旗。“杪”前人無釋，余以爲即“枼”，世字重見。末一句“唯王二祀”，言周簡王二年，趩又祀先祖。

三一　衍耳簋

周惠王晚期

釋文　　衍耳作父乙彝。

考説　　“”爲耳字甚明，然前人皆未釋出。别種金文耳字多作“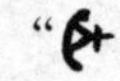”，此銘耳字下部筆畫却有“借邊”之形。故前人未敢斷言爲耳字。古人名號多怪异者。“衍”爲廣大義，“衍耳”即“大耳”。以“大耳”爲名者，春秋時有晉獻公之子重耳。“衍耳”豈晉公子重耳耶?

三二　父辛卣

周定王早期

釋文 𧶜作父辛寶尊彝。

考説 首字前人釋爲“賫”。考諸《説文》及其他典籍皆無此字。余疑“賫”即“𧶜”之省寫。《説文》：“𧶜，會禮也。從貝，㚅聲。”《廣韵》：“𧶜，徐刃切，又疾刃切，真部。”讀若“進”或“迅”。“賫”爲古代見面時贈送的禮物。此處當爲將要祭祀祖先，爲祖先做一禮器——彝器。亦可將“𧶜”當人名講。古人以物爲名，以事爲名者多矣。“賫”爲“𧶜”的省寫，在古人書例中如“盡”字，中山譽壶铭文作“盡”，省四點，義同。

三三　嬴季尊

戰國周赧王晚期

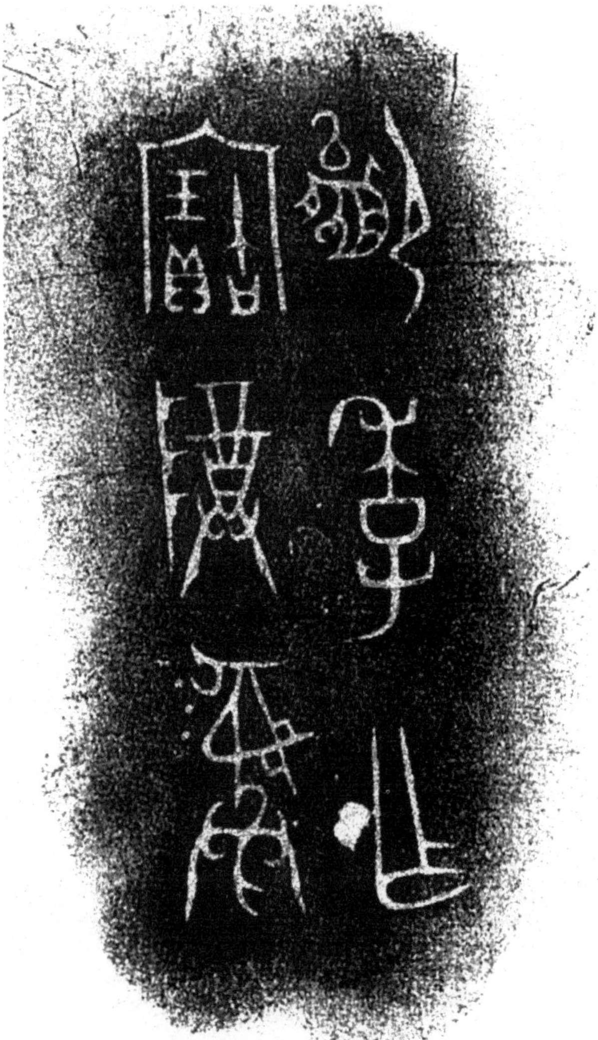

釋文　　嬴季作寶尊彝。

考説　　嬴季爲人名。前已見有嬴季，此尊當爲一人所作。嬴變從“卩”作“”形。《説文·女部》：“嬴，少昊氏之姓。”段玉裁注：“按秦、徐、江、黄、郯、莒皆嬴姓也。”此件銘文書寫乾净挺拔。嬴字及彝字似後世秦代所謂鳥蟲篆者。“作”字書寫利落，又似秦詔版上文字。“嬴”正是秦人姓氏。由此可見秦相篆書之消息。

三四　史頌簋

周武王晚期

釋文 唯三年五月丁子，王在宗周。命史頌省蘇。瀟友里，君百姓，帥堣盩于成周。休，又成事蘇賓，章（璋），馬三匹，吉金用作鼎彝。頌其萬年無疆。日匡天子耿命，子子孫孫永寶用。

考説 此爲周武王命史頌記述其事迹而做的器物。器、蓋皆有銘文，内容大同小异。与《商周金文選》上所録《史頌鼎》文略有不同，當别是一種。“省蘇”，“省”是省視，“蘇”乃周武王時司寇蘇忿生的封地，在今河南温縣。史載武王多次“省蘇”問政。“瀟友里”，“瀟”即“薦”，進獻、祭祀之義。《禮記·祭義》：“奉薦而進。”“薦”又有重至之義。“友”諧“羑”聲。此處“友”即“羑”。《説文》：“（羑）進善也。從羊，久聲。文王拘羑里，在湯陰。”此句言武王屢次至周文王被拘地“羑里”進獻憑吊，以懷文王大德。《廣韵》：“盩，阙，人名，周大王父諸盩。”又周京之西有縣名曰“盩厔”，“盩”通“周”。“帥堣盩”即周武王率領邊遠之地的周氏族人，歸于成周國内。“成事蘇賓”，王又至“蘇”爲客，與司寇議事。《説文》：“鼎煮也。”“鼎、彝”，即可用來煮飯的青銅器。“匡天子耿命”，“逛”通“匡”，正也，扶助也。《詩·小雅·六月》：“王于出征，以匡王國。”“䙫”有釋爲“顯”者，與文義稍遠，釋爲“耿”則義近。《尚書·立政》：“丕厘（xī）上帝之耿命。”《廣雅·釋詁四》：“耿，明也。”耿，聖之省讀，故“耿命”即“聖命”。此爲史頌自言扶助周王完成聖命。

三五　虘簋

周恭王中期

釋文 正月即望甲午，王在周師量宫。旦，王格大室。即位，王呼師，㬐召大師虘入門，立中庭。王呼宰曶錫大師虘虎裘，虘拜稽首，敢對揚天子丕顯，休，用作寶簋，虘其萬年永寶用，唯十又二年。

考説 “王呼師”，“師”即“師量宫”之師。商周人稱“宫”者，非後人所謂宫殿之“宫”。古人“宫”“室”常互用。各大官署往往亦稱爲“宫”。“㬐”，《説文》“早昧爽也”。《廣韵》：“㬐通作晨。”“㬐召”即“早晨召見”。“大師虘”，“大師”是官名，即“師量宫”之首長。《周禮·夏官·量人》：“量人掌建國之法。”“師量宫”即量人之宫，“虘”爲人名。“宰曶”，“宰”，是官名，“曶”是人名。另有一曶鼎記“宰曶”事迹。其銘曰：“王在周，穆工大室。”可知曶應爲周穆王前後時期人。周王爲政時不能稱自己的廟號。當是周恭王所稱，曶鼎有“唯王元年六月”，是恭王接替穆王王位的時間。本器銘文中“曶”尚在任，末又有“唯十又二年”，此虘簋當是周恭王十二年所作之物。

三六　叔向父簋

周厲王中期

釋文　　叔向父禹曰：余小子司朕皇考，肇帥井先文祖，共明德，秉威儀，周緟國奠，保我邦我家。作朕皇祖幽大叔尊簋。其□□上，降余多福，繁釐廣啓。禹身龢于永命。禹其萬年永寶用。

考説　　“[illegible]”，“寓”字省寫。“寓”通“宇”。《説文》：“宇從禹。”《五祀衛鼎》：“迎舍寓於𠂤邑。”“禹”，人名。“緟”，增益也。作重叠之義，重聲“[illegible]”内爲“幺”，通“玄”。“国”即“國”字别體。“幽”，《説文》：“隱也”，蔽也。如今文之“蔭庇”義。此句意爲：“作請皇祖幽神蔭庇本人的尊簋。”《説文》：“釐，家福也。從里。”古人以子孫茂盛爲多福，故“釐”又借爲“禧”。“龢”，《説文》：“調也。從龠禾聲。讀與和同。”和諧之義。

三七　叔鄂父簋

周厲王晚期

釋文　叔鄂父作鵜姬旅簋。其夙夜用享，孝于皇君。其萬年永寶用。

考說　“父”是古代對男子的美稱，如尼父、尚父等。“父”也作“甫”。《字彙·父部》：“父，古者以字配父：造父、慶父是也。”“鵜”是鄂父姬的名字。“旅”，像二人手持大旗做征行狀。“旅”，一般做行旅、征行解。“鵜姬”當然不會征行，此處衹做遠行講。“皇君”，先秦時期士大夫以上階層，并據有土地的各級統治者皆稱爲“君”。《儀禮·喪服》：“君，至尊也。”“君”又爲妻妾對丈夫的稱謂。“鄂父”是皇族諸侯，對“鵜姬”言，故稱“皇君”。

三八　周棘生簋

周宣王中期

釋文　周棘生作處娟媅賸簋，其子子孫孫永寶用享。

考説　《説文》："棘，小棗叢生者，從并朿。"廣韵》："棘，紀力切。""棘"有數義：酸棗、有刺之草木、難辦之事、陳列之義，地名、姓氏等。此處爲人名，讀若紀。似與"瘠生""喜生"之類義同。""，《説文》無見，前人多不釋。余以爲應釋爲"處"字。女未嫁，士未仕時皆稱"處"。"娟"即"妘"，祝融之後，爲姓。《説文》："媅，樂也，從女，甚聲。"《爾雅·釋詁》："妉，樂也。""娟媅"二字爲人名。"賸"，《説文》："物相增加也，從貝，朕聲，一曰送也，副也。"又書如"媵"。徐鍇曰："古者一國嫁女，一國往賸之，賸之言送也。"鄦子簠銘曰："用鑄其簠，以媵孟姜、秦嬴。"周棘生爲"娟媅"出嫁而作的賸簋即陪嫁之器。

三九　害叔簋

周宣王晚期

釋文　害叔作尊簋，其萬年，子子孫孫永寶用。

考説　“害”，有釋作“周”者，不確。另有師害簋，記師害教子事君之事。此器銘文與師害簋銘文刻工書體相近。故此“害”或是“師害”之“害”。製作一器未能完全表達其心情，又作一器以記其事。故稱“叔作”。

四〇　貞從簋

周襄王十三年

釋文 貞從王伐梁，孚，用作餴簋。

考說 “貞”，人名。“從王伐梁”，“梁”周時伯爵，嬴姓。封地在今陝西韓城之南。《左傳·僖公十九年》：“（梁伯）曰：‘秦將襲我。’民懼而潰，秦遂取梁。”《穀梁傳》：“梁亡，自亡也。湎於酒，淫於色，心昏耳目塞，上無正長之治，大臣背叛，民爲寇盜。”此器即“貞”跟從秦王伐梁時所作。梁亡時，爲周襄王十三年，秦穆公二十年。“孚”，在此有二義：一爲“俘”，將梁人俘虜；一爲“服”，征服也。《詩·大雅·文王》：“儀刑文王，萬邦作孚。”《左傳·莊公十年》：“小信未孚，神弗福也。”“王”字末筆繪一利斧形，寒氣森然，盡顯秦穆公之霸氣。“饙簋”爲蒸飯之器，即征行之旅器。

四一 量侯豻簋

周宣王晚期

釋文　　量侯豻作寶尊簋，子子孫萬年永寶，饗勿喪。

考説　　“量侯豻”有釋作“曹侯豺”“量侯豺”者，意不解。“量”是度量、丈量之義。“侯”非“公侯”之“侯”，乃古時射禮所用的箭靶。《説文解字注箋》：“侯製以布爲之，其中設鵠（即中心的），以革爲之，所射之‘的’也。大射則張皮於侯以之飾。”“豻”，生於北地之野狗。“侯的”即以豻皮爲之。故又稱“豻侯”。《周禮·夏官·射人》：“士以三耦射豻侯。”量豻皮以製射禮所用之侯，故曰“量侯豻”。“射”是大禮，故有專人量製豻皮，事成，製器以爲記。“饗”前人未釋，金文有作“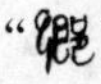”“”。此處却作“”右邊旁上下顛倒。此亦古文常見之例。“饗”同“享”。“勿喪”，勿失也。旅作父戊鼎銘曰：“弗敢喪”。與此同義也。

四二　婦鄁鼎

戰國晚期周赧王時期

釋文　王子，烈公之宗。婦鄁，嫂爲宗彝，鼎彝。永寶用，以降大福，保辪鄁國。

考説　郭沫若考此器名爲《宗婦鼎》，曰："據本器則鄁實當時蜀中之一小國，與周室通婚姻。"余考之，則非與周室通婚。周室諸王廟號無稱烈公者，有周威烈王午，後世亦不可稱"烈公"。考諸《史記·晋世家》：幽公"十五年，魏文侯以兵誅晋亂，立幽公子止，是爲烈公。""晋烈公"時正值戰國初期。周王室形同虚設，貴族諸侯中稱謂常常僭越。"王子"非周王之子專用，各諸侯之子多有稱"王子"者。此"王子"即烈公這一宗族之後。《説文》："鄁，蜀地也。籀文從肉，胄通昔。""鄁"爲古地名。"婦"是動詞，娶也。"婦鄁"即"娶於鄁"。《説文》："辪，從辛。"經典中"乂"字之本字。"乂"，治也。又諧爲"庇"，庇護，保護，故有"保辪鄁國"之句。此器實爲晋與鄁通婚之物。

四三　仲義父鼎

戰國晚期周赧王時期

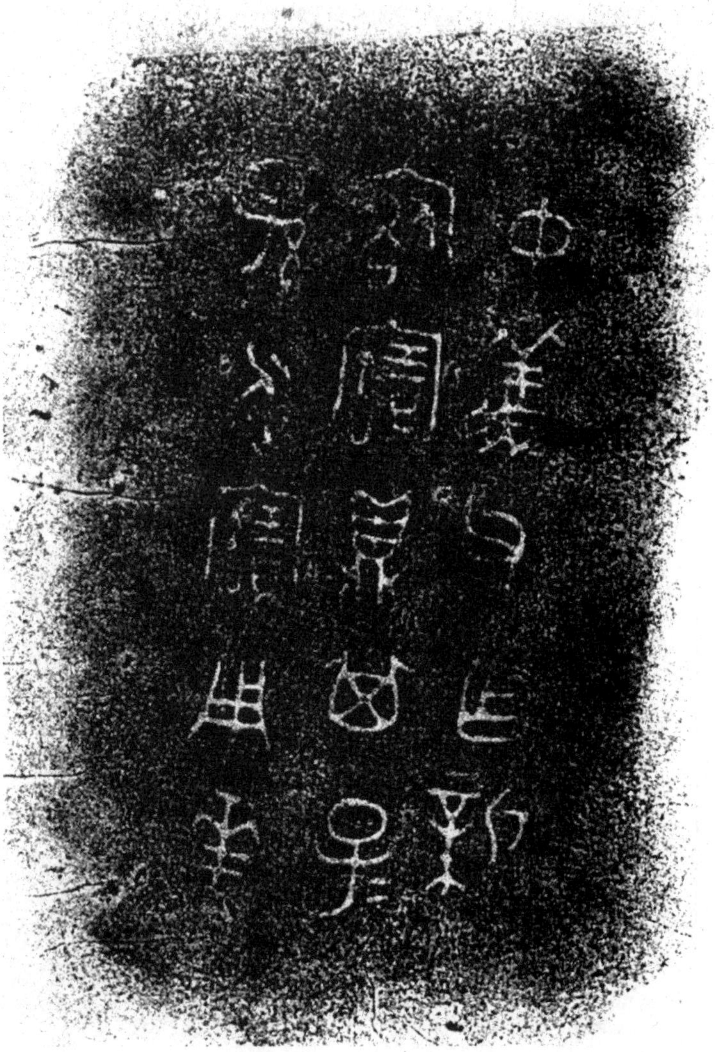

釋文 仲義父作新悹寶鼎，其子子孫孫永寶用享。

考説 《説文》："悹，敬也，從心，客聲。"《集韵·鐸韵》："悹，或作恪。""恪"又通"格"，有升遷之義。《左傳·昭公七年》："且追命襄公曰：'叔父陟恪，在我先王之左右，以佐事上帝。'"此鼎即仲義父爲新近遷升，或新封爵位而作。仲義父另有一鼎，銘文簡單曰："仲義父作尊鼎。"同時之物。

四四　無㠱簋（一）

周成王早期

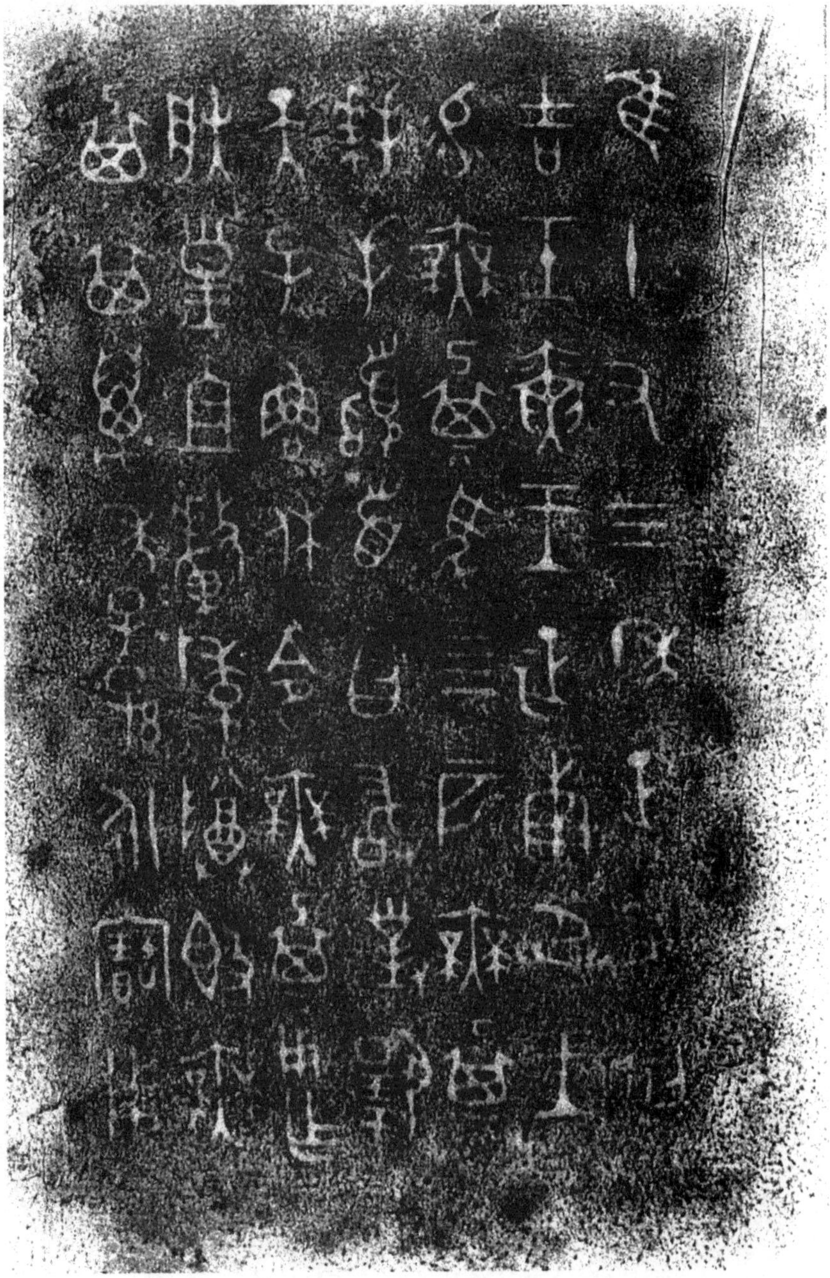

釋文 唯十又三年正月初吉壬寅，王征南夷，王錫無曩馬四匹。無曩拜手稽首曰：敢對揚，天子魯，休，令無曩用作朕皇祖釐季尊簋。無曩其萬年，子孫永寶用。

考説 “王征南夷”，兮甲盤铭文作：“責至於南淮夷”。《史記·周本紀》：“成王自奄歸，在宗周，作《多方》。既絀殷命，襲淮夷，歸在豐，作《周官》。”可知“南夷”“淮夷”同義。“王征”在周成王十三年。“無曩”，人名。“無”是姓氏，一作“鄦”。《姓考》云：“鄦公之後。”《郡國志》云：“古鄦公在潁川。或云出堯時無句之後。”“曩”，《説文》：“長踞也，從己，其聲。”“曩”後作“箕”。“天子魯”，《史記·周本紀》：“周公受禾東土，魯天子之命。”另有銘文作“嘉天子命”。與此文爲同時言語。“魯”，美，嘉許之義。王對無曩嘉許，故命曩作祈求皇祖降福的季尊簋。

四五　無𢍰簋（二）

周成王早期

釋文 唯十又三年正月初吉壬寅，王征南夷，王錫無㠱馬四匹。無㠱拜手稽首曰：敢對揚，天子魯，休，令無㠱用作朕皇祖郃季尊簋。無㠱其萬年，子孫永寶用。

考説 此器與前器同爲一人所做。銘文衹有一字之差。前器作“朕皇祖釐”，此器作“朕皇祖郃”。考諸史籍，“郃”爲國名，后稷所封。《詩·大雅·生民》：“即有郃家室。”《史記·周本紀·正義》：“郃，姜源國也，后稷所生。……故因封於郃也。”“郃”在今陝西省武功縣之南。《集韵·哈韵》：“釐通郃。”二器文字正好可證古籍之確。并由此可見器主人無㠱的祖先與后稷有關。

此器銘文書法自然流動，極具欣賞價值。古人起初就把寫字當成了一門藝術，不僅在“表意”，而且在“表情”。兩篇铭文以書法論，前者爲篆體之楷書，後者稱篆體之行草。

四六　虢仲盨

周成王早期

釋文 虢仲以王南征，伐南淮夷，在成周作旅盨，兹盨雙，十又二（年）。

考說 “虢仲”，周文王之弟。虢仲封地在今陕西寶鷄市之東，史稱“西虢”。成王伐南淮夷事無曩鼎已考之。虢仲爲周武王之長輩，雖跟從周武王南征淮夷，然銘文不用“從”而用“以”，“以”是憑藉、恃仗之義。既不失國禮，又不失身份，可見古人用字之講究。“在成周”，兩周銘文多有稱“宗周”“成周”者。“宗周”爲周故王都所在地，指周武王所營的鎬京。“成周”則指東都洛邑，西周時已建。《尚書·周書·洛誥》：“召公既相宅，周公往營成周。”周平王東遷即至此“成周”。“旅盨”，征旅之器。“盨”爲盛放食物之器，圓形。“十又二”，即成王十二年。無曩鼎銘：“十又三年正月初吉。”《史記·周本紀》記載周成王襲淮夷事無年月。據此二器銘文正可補周史之闕：即周成王十二年開始征伐南淮夷，十三年歸作《周命》。（見《尚書·周書·周官》）

四七　虢叔簠

周成王早期

釋文　虢叔作旅簠，其萬年永寶。

考説　“虢”國名。周文王之弟虢仲、虢叔之封地。虢仲爲“西虢”，封地在今陝西省寶鷄市東。虢叔爲“東虢”，封地在今陝西省鳳翔縣。見《通志·氏族略二》。子孫以國爲氏，後改爲郭。“匿”通“医”，又通“簠”。《説文》：“簠，黍稷圜器也，從竹，從皿，甫聲。医，古文簠，從匚，從夫。”段玉裁《説文解字注》：“簠，盛稻粱……此云黍稷者，統言則不别也。”此言“旅簠”，乃虢叔爲行旅而作的食器。

四八　雔伯鼎

周武王晚期

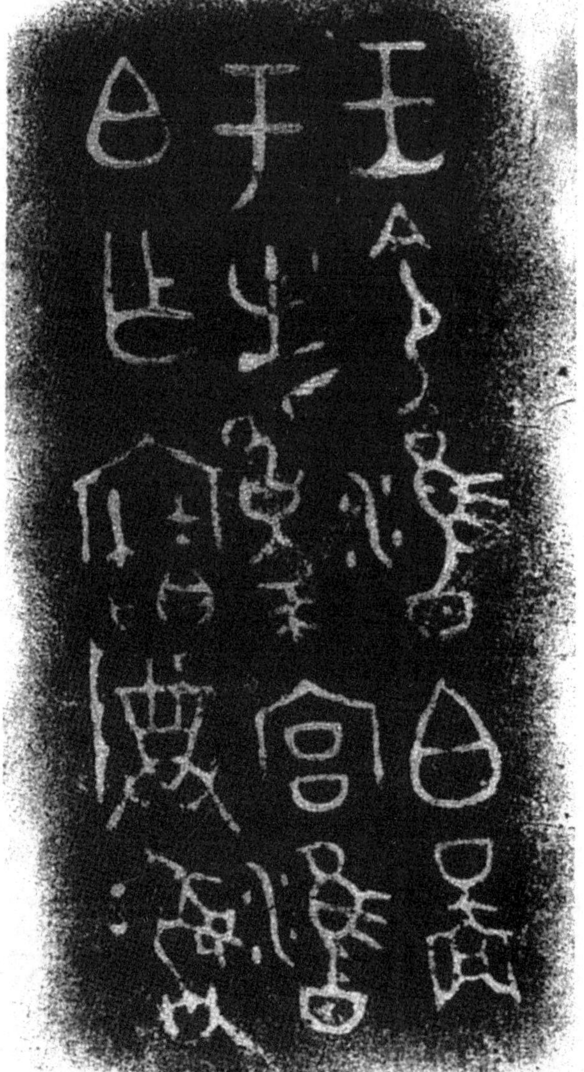

釋文　王命雝伯圖于封，爲宫。雝伯作寶尊彝。

考説　“雝”通“雍”，古國名。《左傳·僖公二十四年》：“……郜、雍、曹、滕，文之昭也。”注曰：“十六國，皆文王子。”武王克紂平天下後，分封功臣昆弟。文王第十三子封於雍，稱“雍伯”。國在今河南修武縣西。“圖”，籌劃，繪製之義。“㞢”前人不釋，余以爲此即“封”字之省。考諸甲骨文，“封”作“㞢”，與金文近，且，王命雍伯在自己的封地上籌劃建造宫室，文義亦通。另，“兩罍軒”所藏齊侯罍有：“大啓爾土。”“土”亦作“㞢”。鄭蘇老人以爲“爾土、爾邦”義同，亦可作“邦”解，故，若將“㞢”作“封”“土”“邦”解，義皆同。

四九　䰞觶

周成王中期

釋文　　鼈作父甲寶尊彝觶。

考説　　“鼈”即“雝”，通“雍”，古地名。《爾雅·釋地》：“河西曰雝州。”《周禮》《尚書·夏書·禹貢》皆作“雍州”。此處當爲人名“雍伯”。“ꝩ”即“单”字。借爲“觶”。《説文》：“觶，鄉飲酒角也。”“觶”是流行於殷周時期的主要酒器。“觶”與“觴”同義。《説文·角部》：“實曰觴，虛曰觶。”雍伯爲父甲作祭器觶，尊彝衹是青銅器的泛稱。

五〇　鰷仲多壺

周武王早期

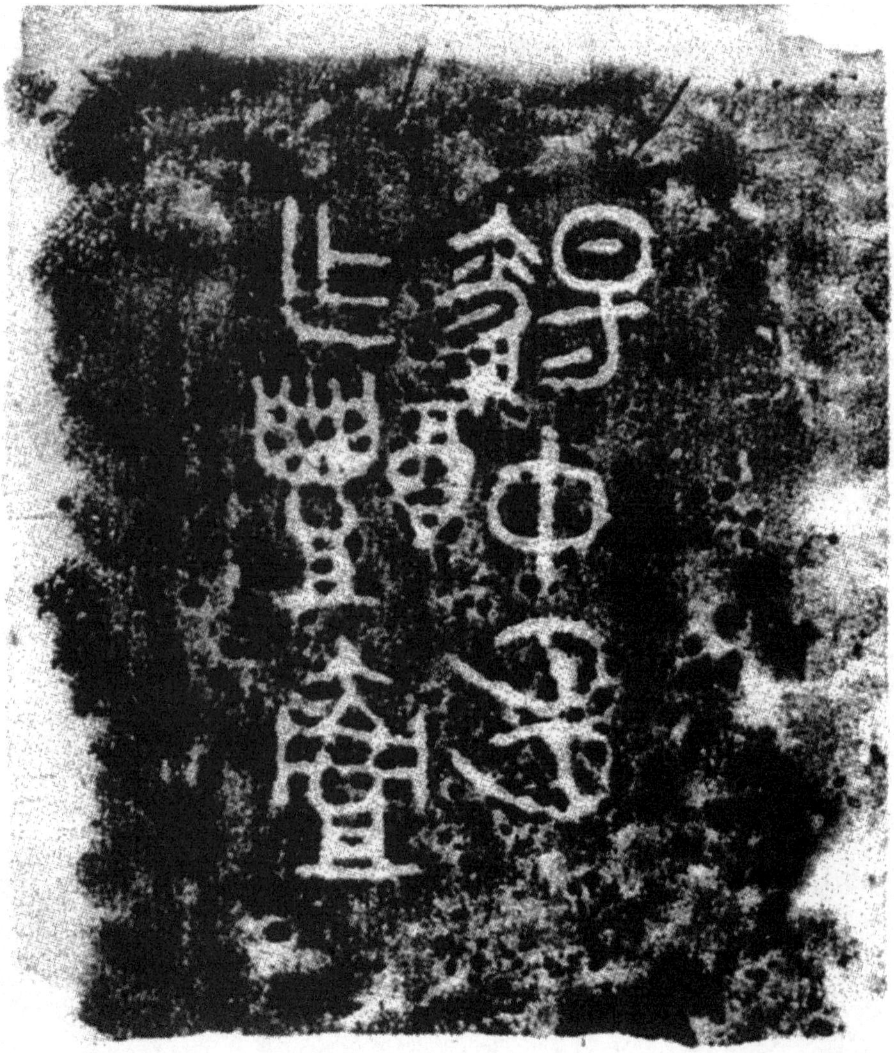

釋文　　鴋仲多作醴壺。

考說　　“鴋”是酒器名。“鴋”通“陽”，此處假借爲國名。《左傳・昭公十二年》：“齊高偃納北燕伯款於唐。”“唐”經典文作“陽”。《太平寰宇記・都城記》云，夏后孔甲時有劉累者，夏后賜氏曰御龍，封其孫於此。至周成王時唐作亂，成王滅之。《左傳》注：“唐屬楚之小國。”“仲多”是人名。

五一　諫簋

周宣王中期

釋文　唯五年三月初吉庚寅，王在周師禄宫。旦，王格大室，即位，𤔲馬共右諫入門，立中庭。王呼内史先册命，諫曰：先王即命汝繼𤔲王宥，汝無不有教，毋敢不善。今余唯國𤔲，命汝。錫汝勒。諫拜稽首，敢對揚，天子丕顯，休。用作朕文考惠伯尊簋，諫其萬年子子孫孫永寶用。

考説　“𤔲馬共右諫入門”，“𤔲”此處通“司”，“司馬”，官名，《周禮·夏官·司馬》“使帥其屬而掌邦政”。是周時的最高行政長官。“右諫”，輔佑“諫”官入門。“諫”是“諫官”自稱，此處可當人名看。《周禮·地官·司徒》：“保氏，掌諫王惡。”此處自稱“諫”者，即保氏之官。“繼𤔲王宥”，“宥”即“右”，古時王位右邊常置一器物，以示警誡。《荀子·宥坐》：“孔子問於守廟者曰：‘此爲何器?’守廟者曰：‘此蓋爲宥坐之器。’”楊倞注：“宥與右同，言人君可置於坐右以爲戒也。”故“繼𤔲王宥”即繼續在王之右擔任勸諫君王的工作，就像那座右之器一般。後人的“座右銘”即由此而來。“汝無不有教”，“”前人不釋，余考之即“”之省寫。“”，又也，通“有”。“余唯國𤔲”，“𤔲”此處通“辭”。即周王以國家的名義發出言辭。此簋兩銘文，器、蓋稍不同。蓋云：“錫汝攸勒。”器云：“錫汝勒。”僅此而已。

五二　齊侯盤

周安王晚期

釋文 齊侯作賸寞圆孟姜盥盤，用蘄眉壽，萬年無疆，它它熙熙，男女無期，子子孫孫永保用之。

考説 “齊”，周代國名姜姓，武王封吕尚之地，都山東營丘。周安王時立田和爲齊侯，周顯王時齊擊敗魏稱“威王”，成爲戰國七雄之一。“賸”或作“媵”。古代嫁女時之陪禮。陪器作“賸”，陪人作“媵”。“孟姜”是春秋時姜姓長女的通稱。姜姓封於齊。古齊人長女泛稱“孟姜”。《説文》：“盥，澡手也。”“盥盤”，洗手之器也。“蘄”段玉裁《説文解字注》：“蘄，古鐘鼎款識多借爲祈字。”《莊子·養生主》：“不蘄畜乎樊中。”“蘄”，祈求也。“它它”同“佗佗”，《集韵·支韵》：“佗佗，美也。”《廣韵·支韵》：“熙，和也。”歡樂和好之義。“它它熙熙”，即如今文之“和和美美”。

五三　齊侯敦

周安王晚期

釋文　齊侯作賸𡧠𡇒孟姜膳敦，用蘄眉壽，萬年無疆，它它熙熙，男女無期，子子孫孫永保用之。

考説　余所藏齊侯賸器銘文凡四件，一爲盤，一爲盂，一爲鼎，一爲敦。文字除器名外，其餘皆同。故此處主要考“𡧠𡇒”二字。“”字中“，考諸甲骨文“”爲“失”字，“茻”同“艸”，“失”從“艸”爲“𡧠”。“𡧠”諧音爲“失”字。古人書字，形繁形簡多有爲之。“𡇒”《字彙補》：“𡇒與縶同，繫也。”《詩·周頌·有客》：“以縶其馬。”馬在圈中故曰縶。“𡧠𡇒”即“失繫”。言孟姜將離開家中父母而去，如失繫之馬。“膳敦”，煮飯所用之器。

五四　鑄子盨

周顯王中期

釋文　鑄子吊黑母，肇作寶盨，其萬年眉壽永寶用。

考説　“吊”此處非問終之吊。乃吊問、慰問之義。《左傳·莊公十一年》：“秋，宋大水。公使吊焉。”又有“善”義。《詩·小雅·節南山》：“不吊昊天，亂靡有定。”鄭玄箋：“吊，至也；至猶善也。”“鑄子吊黑母”，即鑄子慰問黑母或善待黑母。“肇”，始也。“盨”，古代食器名，橢圓口，圈足，兩耳有蓋，用以盛食物。《説文》：“盨，負戴器也，從皿，須聲。”此器有蓋，蓋上銘文惜損泐不清。

五五　番君簠

周平王中期

釋文 番君召作𩜁簠，用享，用孝，用𢔶眉壽，子子孫孫永寶用之。

考說 “番”意同“潘”，姓氏。《詩·小雅·十月之交》：“皇父卿士，番維司徒。”《世本》云：“殷湯支庶封番。”“番君召”即製作此簠的主人姓名。“𢔶”即“增”字變體，古文字義同形旁常任作變化。有釋爲“蘄”者，不確。此簠器、蓋皆有銘文，唯“孝”“𢔶”二字稍有變化。

五六　趩姞鼎

周武王早期

釋文 䢣姞作寶鼎。

考說 《字彙補·走部》："䢣，亡敵切，音近密。""密"，古國名。姞姓，亦稱"密須"，在今甘肅靈臺縣之西二十五公里。《詩·大雅·皇矣》："密人不恭，敢拒大邦。"文王滅之，以封姞姓。可知"䢣"即"密"之諧字。"䢣姞"即密國姞姓人氏。從字體考之，簡拙隨意，顯見不是官家所爲。乃邊遠城邑工匠手筆，今人所謂"坊間刻本"耳。

五七　仲伯壺

周宣王晚期

釋文　仲伯作親姬䜌人，朕壺。其萬年子子孫孫永寶用。

考説　這是一件类似“情書”的銘文。仲伯爲其親愛之姬所作之器。“䜌”有延繫、連續不斷之義。《説文》：“䜌，乱也，一曰治也，一曰不絶也。”如今文“戀”字。《廣韵》：“䜌，落官切。”“朕”，《爾雅·釋詁下》：“朕，身也。”郭璞注：“古者貴賤皆自稱朕。”《説文》：“朕，我也。”自秦始皇一統天下，“朕”方爲皇帝專屬尊稱。

此壺器、蓋文皆同，唯器文排五行而已。

五八　向卣

周顯王中期

釋文 向作氒尊彝，護子孫。

考說 “ʔ”爲“氒”字。楊樹達先生曾考此銘曰：“此字傷，殘不可識。”余細審此拓，文字邊沿乾净無痕，不似殘缺。《説文·氏部》：“氒，木本，從氏，大於末。讀若厥。”古來此字釋義紛繁。余以爲，據本意當爲“上等”之義稍近。“北”前人多不釋，《攈古録》釋作“析”不確。“北”似二人執戟背向而立做護衛狀。古無“護”字。“北”或爲“護”字初文。考諸商周金文，所有出現“北”字者，下文皆有“子孫”二字。以漢文字“六書”法則之“象形”來分析，“北”釋爲“護”字最確。

另，或可釋爲“并”字。古文“并”作二人并立“竝”。“北”將人變爲武器，亦是戰國時的産物。“向”作尊彝并福及子孫，亦通。

此卣器、蓋文同，僅行款不同。

五九　叔男父匜

周成王中期

釋文　　叔男父作，爲霍姬賸旅匜。其子子孫孫其萬年永寶用丼。

考說　　“霍”通“霍”，古國名。周武王弟“叔處”的封地。故城在今山西省霍州市西南，春秋時被晋所滅。“姬”是古人對婦女的美稱。《詩·陳風·東門之池》：“彼美淑姬，可與晤歌。”“霍姬”即霍國之美女。美女要出嫁，“叔男父”爲其作陪嫁之賸器“匜”。“匜”是一種盛水、盛酒的器具。因出嫁要行遠路，故稱“旅匜”。“叔男父”或是霍姬的“叔父”，或即周武王之弟“叔處”。“丼”同“井”。《集韵·感韵》：“丼，投物井中聲。都感切。”此處諧爲“享”字。“永寶用丼”即“永寶用享”。

六〇　諸姛匜

周敬王中期

釋文　　㘝諸姛以太子尊彝。

考説　　亞形内：一位頭頂華麗飾物的女子，曲膝下躬，手捧一酒杯，美酒從杯中稍稍溢出。下方有一食物盤。亞形内字，余釋爲“醴”字。“者”與“諸”古文相通，詛楚文：“衛者（諸）侯之兵以臨加我。”“姛”“娌”皆女子名用字。“諸姛”即“諸女子”。另有一蓋，文類同，“諸姛”即寫作“諸女”。“以”憑藉，仗恃義。《韓非子・五蠹》：“富國以農，距敵恃卒。”諸女子平日歌舞美酒，全仗恃太子之恩惠。故作彝器爲報答。

六一　看家父鼎

周厲王早期

釋文　中伯御人看家父，作旅鼎，子子孫孫永寶用。

考説　“御”，《廣雅・釋詁一》：“御，使也。”王念孫疏證：“臣與使同義。”《國語・吴語》：“奉槃匜以隨諸御。”韋昭注：“御，近臣宦豎之屬。”故“御人”當爲“侍人”。“”，上爲目形，下以手護之。余釋爲“看”字。《説文》：“看，晞也，從手下目。”《説文》“看”字手部在上，而此字在下。古文字部旁上下變動時常之事也。《九經字樣》：“凡物見不審，則手遮目看之。故看從手下目。“”，《説文》不載。考諸甲骨文有“”，從“人”在“宀”下，會意，用作國名。余以爲在此應爲“家”字之省。甲骨文“家”作“”，形意皆與此字近。此旅鼎爲“中伯”的近侍“看家父”所作。“父”爲古時對成年男子的尊稱。

六二　寫㚤鬲

周昭王早期

釋文　寫奷作尊鬲，其萬年永寶用。

考說　前二字《恒軒吉金録》釋作“祭姬”。余以首字當爲“寫”字。《説文》：“寫，置物也。從‘宀’，舄聲。”徐灝注箋：“古謂置物於屋下曰寫，故從‘宀’，蓋從他處傳置於此室也。”審此字下爲“辶”，象徵用車運輸。車上有塊肉（甲骨文作此）及被古人視爲聖物的鹿角。這些正是貴族家庭常有的物品。“寫”既然是搬動移置之義，那麼，從他處搬來食物、聖物當然是件大事，或可稱爲“喬遷之喜”。所以，名爲“奷”的女子特製一鬲，以爲紀念。“奷”，前人釋爲“姬”不確。“奷”通“妉”，“媅”，快樂之義，常用於女子名。

六三　姬作鬲 姜作鬲

周孝王早期

釋文 斿，姬作寶鬲。同姜作尊鬲。

考説 何以將此二銘文置一處考説？二銘雖非一人製作，却有共同之處。一、都是鬲器。二、同爲女性爲其夫君而作。三、文字、用筆、结體基本相同。

《説文》："斿，旗有衆鈴，以令衆也。"即古代旗杆上繫有鈴并繪有龍形的一種旗幟。後用"斿旗"泛指各種旗幟。又延伸爲軍旅、行軍、戰事。《左傳·僖公五年》："均服振振，取虢之旂。""同"，此處當"會合"講。《説文》："同，合會也。"《詩·豳風·七月》："嗟我農夫，我稼既同。"鄭玄注："既同，言已聚也。"故，前器爲姬姓女子爲其將要出征的男子而作的炊具。後器爲姜姓女子與其愛人聚合而作的炊具。一聚一散，一合一離，古人亦大事也。

六四　趞罍

商紂王早期

釋文 　趡作文父戊尊彝，雔，册。

考說 　《説文》："趡，動也，從走，隹聲。"《廣雅·釋宫》："犇，趡也。"《玉篇·走部》："趡，走也。"趡，讀如"追"。"趡"通"追"，有回溯、追念之義。《詩經·大雅·文王有聲》："匪棘其欲，遹追來孝。"《論語》："慎終追遠，民德歸厚矣。""文"，此處訓爲"美德"。《尚書·周書·文侯之命》："追孝於前文人。"孔傳："使追孝於前文德之人。"此"文"與"趡"連用，表示追念父之美德。"戊"天干第五位，中宫也，吉祥數，意如"吉"。《詩·小雅·吉日》："吉日維戊，既伯既禱。""戊"亦可釋爲祭祀時日順序。此雙鳥形，前人多不釋。《説文·雔部》："雔，雙鳥也。"徐灝注："雙鳥爲雔"。故此雙鳥形釋爲"雔"，引申爲"匹配"。父德與此尊彝可相匹配，故册記于祖廟。

六五　仲夏父鬲

周厲王中期

釋文　右戲仲夏父作豊鬲，子子孫孫永寶用。

考説　《説文》："戲，三軍之偏也。"元帥中軍側翼的一方謂之偏師。"右戲"即中軍偏右側一方。"夏"是姓氏。"豊"，古代祭祀所用的行禮之器，讀若"禮"。《六書正譌》："豊即古禮字"。因"豊"與"豐"宜混淆，故古人常將"豊"加"示"旁以區別之。另有《伯夏父鬲》等器五種，或爲"伯夏父"同族所爲。《積古齋鐘鼎彝器款識》亦載有一戲伯鬲，銘文與此相近，阮氏却考爲"戲國"之伯所爲，不知何據？伯夏父鬲銘文中亦稱"戲"，或是"左戲"。仲、伯二夏父各統一軍爲元帥偏師，以護中軍。故"夏"爲姓氏無疑。

六六　師望鼎

西周共和年中期

釋文　大師小子師望作鼎彝。

考説　“大師小子”一句，前人釋之頗詳。而以楊樹達先生所説最近。楊先生《師望鼎再跋》，引《論語》《逸周書》文中數度言“執政小子”，以證金文師望鼎之“大師小子”，毛公鼎之“有司小子”等處，“小子”爲下屬之官稱。然，以余所考，“小子”一詞不能盡作“下屬之官”解。㝬簋銘曰：“王曰：有余唯小子。”㝬鐘銘曰：“皇上帝百神，保余小子。”散氏盤銘曰：“散人小子。”毛公鼎銘曰“嗣余小子”“趯余小子”等，此類稱“小子”者定不應當“下屬之官”解。余以爲“小子”一詞應釋作謙辭爲當。金文中常有“小臣”“小輔”“小官”等與“小子”用意同。“大師小子”即大師望的自謙之稱。

六七　季良父盉

周靈王中期

釋文　季良父作敔始寶盉，其萬年子子孫孫永寶用。

考説　《説文》："敔，禁也，一曰樂器，從攴，吾聲。""敔"在此銘文中與本意不近，從其聲，借其形旁，釋爲"吾"字。"始"，《説文》："女之初也，從女，臺聲。"古文"以""臺"同聲。金文"始"從司聲。故："始"又通"姒"。《爾雅·釋親》："女子同出，謂先生爲姒，後生爲娣。""姒"即古時妾姜之泛稱。"敔始"即"吾姒"，即"吾妻"。"盉"，古代調製酒的器具。《觀堂集林·説盉》："余謂盉者，蓋和水於酒之器，所以節酒之厚薄者也。""酒之厚薄"即酒之濃淡。此器出於陝西省西安市長安區周朝京城舊地。

六八　商丘叔簠

周平王中期

釋文　商丘叔作其旅簠，其萬年子子孫孫永寶用。

考說　“商丘”，古地名。成湯取代夏王立國號商，建都亳，即在商丘。後盤庚遷都於殷，改國號殷。故史稱“殷商”。而“商丘”即“陪都”。周滅殷，封紂王子武庚繼商祀。武王用其弟管叔、蔡叔助之治。成王初立時，武庚、管叔、蔡叔欲反之，周公奉成王命誅武庚、管叔，將蔡叔流放。成王命微子代祀殷後，封宋國，都商丘。“商丘叔”即宋國諸君主某一貴族子弟。另有一說，“商丘”爲複姓，春秋時衛大夫食邑於此，以爲姓氏。漢有商丘成、商丘子胥等。爲複姓時間似稍後。

六九　魯伯愈鬲

周成王早期

釋文　魯伯愈作，邾姬千朕羞鬲，其永寶用。

考説　“魯伯愈”作器多種。其他銘文多有“魯伯愈父”，多一“父”字。“魯”爲周公旦封地。歷代稱“公”無稱“伯”者。“邾”，古國名，朱聲。周武王時封曹姓建“邾國”，相傳爲帝顓頊後裔，爲魯國附庸。魯之國君稱“公”，“邾”之國君或稱“伯”。“邾姬”，“姬”於此處通“居”，居住之義。《列子・黃帝》：“姬，將告汝所學於夫子者矣。”張湛注：“姬音居，居也。”“千”爲數字兩千之合寫。考諸甲骨文，“千”是在“人”（人）字下加一横，加二横爲兩千“千”，三横爲三千“千”。五千作“𠦃”，六千以上數字加上部“亽”。“邾姬”即魯伯愈率兩千人徙居於“邾”，此初封時所爲。《説文》：“羞，進獻也。”《左傳・隱公三年》：“可薦於鬼神，可羞於王公。”“朕羞”即作器者，祀祖或給王獻上精美之“鬲器”。

七〇　宂卣

周惠王早期

釋文　唯六月初吉，王在鄭。丁亥，王格大室，井叔右宂，王蔑宂，曆，命史懋錫宂載市同黄，作嗣工。對揚。王休，用作尊彝，宂其萬年永寶用。

考説　“王在鄭”，考諸史籍，周王在鄭凡兩次，一爲周惠王二年，大夫邊伯作亂。惠王奔走，居鄭之櫟。櫟爲鄭國大邑，在今河南禹州。惠王四年方歸成周。二爲周襄王十六年，翟人入周，周襄王奔鄭，居于汜。《左傳·僖公二十四年》：“冬，王使來告難。”給魯公告難。周襄王是在冬天被迫出奔的，第二年四月被晋文公救回。此器銘文有：“唯六月初吉”。而襄王在鄭未逗留到第二年六月。可知“王在鄭”之“王”應是周惠王。“宂”讀若“庸”。閑散之義。《周禮·地官》：“稾人掌共外内朝宂食者之食。”“宂食者”，無職之官。猶“候補官”。“宂”是作器者自稱。“王蔑宂”即王視宂。“蔑”是不經意的看，“宂”叙述與王會見時的謙辭。“載市同黄”即“載市絅黄”，前文已釋。“嗣”通“司”，《爾雅·釋詁三》：“司，主也。”掌管主持之義。“工”即“官”，古時又特指樂官或樂人。《左傳·襄公二十九年》：“使工爲之歌《周南》《召南》。”“作嗣工”即這位候補官作了樂官。

七一　師遽簋

周恭王早期

釋文　唯王三祀，四月既生霸辛酉。王在周，客新宮。王延正師氏，王呼師：朕錫師遽貝十朋。遽拜稽首，敢對揚，天子丕顯，休。用作文考旅叔尊簋，世世孫子永寶。

考説　“正師氏”即“大師氏”。掌管教育之官。《周禮·地官·司徒》：“師氏……以三德教國子。”如後世之“太子太保”之類。因師遽位尊爲國師或太師之職，故周王需“延”請。“貝十朋”，“朋”是古代貨幣單位，五貝爲一朋。《書》：“武王悦箕子之對，賜十朋也。”與金文語辭一致。“丕顯”，“不不”，《説文》無此字。前人釋爲“顯”，顯露之義，“丕”是“大”義。即大顯高興之色。另有人釋“不不”爲“丕”之重叠。仍是“大”字。“丕顯”則成爲“大大”或“丕丕”。不如“丕顯”雅訓。

師遽有器多種，文不同，皆記周王賞賜事，可見周王對“師”的重視。

七二　舍父鼎

周恭王晚期

釋文　辛宮錫舍父帛、金，揚辛宮，休。用作寶鼎，子子孫孫其永寶。

考說　“辛宮”，“辛”是天干第八位，《爾雅·釋天》：“（太歲）在辛曰重光。”“辛”即秋天的代稱。“辛宮”即“秋宮”，周王秋天所居之宮。“辛”又諧爲“新”，新建之宮或謂“辛宮”。師遽簋銘文有“王在周，客新宮”句，或指同一宮。王在新宮錫舍父帛、金。“辛宮”周天子所居，“宮”借代爲天子。“揚辛宮”即如“揚天子”。金文常見“敢對揚天子”等語。此銘文用詞極簡練。以物稱代人稱，實開漢語言修辭之先河。

七三　魚父簠

周厲王早期

釋文　伯旂魚父，作旅簠，用倗旨飤。

考説　“伯旂”即“旂伯”。天子出巡或行軍征伐，負責旂旗儀仗之官。《周禮·春官·宗伯》記這種官員的主要任務是：“掌九旗之物名，各有屬，以待國事。”“魚”，古文“魯”之省寫。“魯父”爲人名。“倗”，《説文》：“輔也。從人，朋聲。”輔助之義。“旨”，《説文》：“美也。”指味道甘美。《禮記·學記》：“雖有嘉肴，弗食，不知其旨也。”“飤”，與人食曰飤，同飼。因魯父作的是行旅所用之簠，故希望用它來幫助主人作出美味食品讓主人享用，以忘却出行之苦。

七四　仲雛父匜

周靈王早期

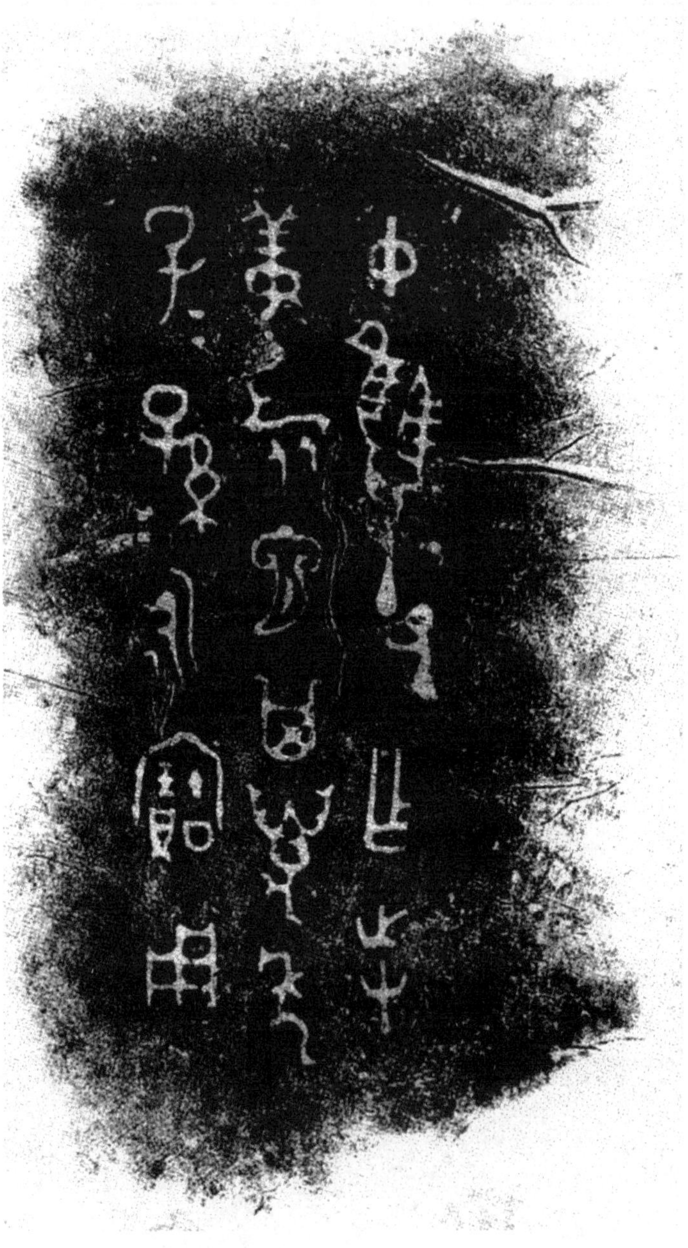

釋文 仲雝父作寺姜旅匜，其萬年子子孫孫永寶用。

考説 “雝”，鳥名。《説文》：“雝，祝鳩也。”《詩・小雅・四牡》：“翩翩者雝，載飛載下，集於苞栩。”另益母草亦稱“雝”。此處“雝”爲人名。“父”或“甫”是古時對成年男子的尊稱。“寺”，《説文》：“廷也，有法度者也。從寸，之聲。”金文“寺”像手持物形。故又訓爲“持”字之本義。又通“恃”。《道德經》：“生而不有，爲而不恃。”馬王堆漢墓帛書中“恃”作“寺”。此銘之“寺”爲地名，作“邿”。《左傳・襄公十三年》：“夏，邿亂，分爲三。師救邿，遂取之。”“邿”爲魯之附庸國。“寺姜”，即嫁到邿國來的姜姓女子。

另有寺季鼎、寺伯鼎等，皆邿國之物。

七五　屄敖簋

周成王早期

釋文　戎獻金于子牙父百車，而□錫盦戾敖金十鈞，馬□不諱。戾敖敢對用揚拜手稽首。牙父子舒，事孟，戾敖其用匄蔑于事孟。用作寶簋。戾敖其子子孫孫永寶。

考說　此銘文爲逆文，是一件極難讀通的銘文。因其書寫隨意，器物殘破，郭沫若先生也祇贊其書法文字奇特，内容則無法全釋。青銅器器、蓋銘文常爲互逆。正文應在器上，惜至今未得見矣。余今參以金文多種，試將全文拼出如上，文義尚通順，以待方家三問。“戎”非“犬戎”之“戎”，乃古國名。爲魯國附庸，在今山東曹縣一帶。“獻金”之“金”此處泛稱金屬。“子牙父”或“牙父子”此處指太公姜尚。“盦”通“魯”，“戎”爲魯之附庸，故稱“魯戾敖”。“戾”，余以爲即“屬”之省寫，“屬”爲官名。《國語·齊語》：“十縣爲屬，屬有大夫。五屬故立五大夫。”“敖”是人名。“馬”下似失一字，故此句不可解。“戾敖”下五字，前人多不釋，余參以金文辭例，及筆畫法勢，釋爲“敢對揚拜手”。天子高興用“休”，王公大臣欣然用“舒”。此於金文中又是一例。“事”，使也，令也，任用也。“孟”，《玉篇·子部》：“孟，子也。”“事孟”，即使戾敖爲義子。所以，戾敖“匄蔑於事孟”。“匄”通“乞”“祈”。“蔑”，此處爲末小的。乞求讓我爲微不足道的義子。謙詞也。

七六　趞曹鼎

周成王中期

釋文 唯十又五年五月既生霸壬戌。繺□王在周新宫，王射于射圃，史趞曹，錫弓矢十，圃史，四十殳。趞曹敢對，曹拜稽首，敢對揚，天子休。用作寶鼎，用饗朋友。

考説 此器因泐甚，故前人多不能盡識。余參以前法考之，文稍能通。《説文》：“繺，治也。”《玉篇》：“理也。”“繺”爲治理，惜下失一字，不知治理何事。“射圃”又稱“射宫”，古代學習“射禮”的地方。“圃史”，官名。“殳”，古代兵器名，用竹木製成，一端有棱無刃。《詩·衛風·伯兮》：“伯也執殳，爲王前驅。”“趞”爲人名。“趞”本義爲快捷行貌，讀如“趨”。末一句“用饗朋友”。古人稱同輩、同僚皆爲朋友。

七七　萊侯簋

周宣王早期

釋文　作祖乙萊侯叔尊彝，吉田。

考説　“”，《説文》無載如此形文字。故前人多不識。金文字體或簡或繁，祇要義近，形旁常常任意增減。余釋之爲“萊”。考諸典籍，知“萊”與“釐”同。《爾雅·釋草》：“釐，蔓華。”郝懿行《義疏》：“釐，《説文》作‘萊’，云蔓華也。萊與釐古同聲。”《字彙補·裏部》：“釐，與萊同。”《戰國策》：“齊伐釐莒。”《左傳》作“萊”。金文“釐”作“”形與“萊”甚近。考之於《史記·十二諸侯年表》，諸侯中稱釐者十餘人，稱“釐侯”者四人，依次是：晋、衛、蔡、燕。不知此“釐侯”爲哪一位。因爲“萊”字旁有鳥形，或可定爲燕國之“釐侯”。

七八　叔子瑴盤

戰國周赧王早期

釋文　　叔子穀作孟姜槃，大宗盤，以買羕令萬保。

考説　　“穀”，《廣韵》“古候切”，讀若狗。《説文》：“穀，乳也。”段玉裁注：“此乳者，謂既生而乳哺之也。”亦作小兒義。《莊子·駢拇》：“臧與穀，二人相與牧羊而俱亡其羊。”“穀”作爲人的小名，或兒時愛稱。“槃”與“盤”通。“買”，此處作博取、追求講。“羕”通“永”。《説文》：“羕，水長也。從永，羊聲。”《詩·周南·漢廣》：“江之永矣，不可方思。”《博古圖》“永寶用享”，作“羕寶用享”。

從書法特點上看，此銘當爲戰國時期吴越之地所出。筆畫細長簡練是其特點之一。

七九　格伯簋

周幽王晚期

釋文　唯正月初吉，癸子，王在成周。格伯取良馬，乘于倗生。氒，貯卅田，則析。格伯遃殹，妊彶彶氒從。格曰安逸，佃殷氒叔。零谷杜木；愚谷旅桑。涉東門氒書史；識武立盡成壁。鑄保簋用典，典格伯田，其萬年子子孫孫永保用。

考説　在商周金文中，如此有韵之文實屬罕見。“格伯”，人名。“乘于倗生”，即乘載朋輩生徒。“氒”同“厥”，此處爲結構助詞，表示“這纔”“然後”。《史記·太史公自序》：“左丘失明，厥有《國語》。”韓愈《袁氏廟碑》：“收功厥後，五公重尊。”“析”，分離，指分田給别人。《集韵》：“遃，走也。”“殹”，語氣助詞如“矣”。“妊”，此處指格伯之妻。“彶”，變動貌，《尚書大傳卷二》：“彶然淵其志，和其情。”“佃殷氒叔”，“佃”治理田地，“殷”，豐實富庶。“叔”拾取、收穫。《詩·豳風·七月》：“八月斷壺，九月叔苴。”“零”通“靈”。“杜”即甘棠，極珍貴的樹種。古詩：“佳辰結良覿，言采北山杜。”“旅”，《説文》無此形，乃“旅”字之别體。不因播種而生曰旅。《後漢書·光武帝紀上》：“至是野穀旅生，麻尗尤盛。”“東門”或指“東門吴”，表示達觀之義。這是一篇贊賞“格伯”的銘文，表現出其爲人的豁達，大有“車馬輕裘與朋友共，至死無憾”之義。

八〇　鄦子簠

周赧王中期

釋文 唯正月初吉丁亥，鄦子妝，擇其吉金用鑄其簠，用賸孟姜秦嬴。其子子孫孫羕保用之。

考説 “鄦”，古國名。《説文》：“鄦，在潁川，從邑，無聲，讀若許。”“鄦”，後作“許”，周初分封的諸侯國，姜姓，戰國時被楚所滅。鄦國封爲子爵，故其國君稱“鄦子”。“妝”，是準備嫁妝之義。“擇”，挑選。“孟姜秦嬴”即姜姓長女，嫁給秦國嬴姓。“羕”通“永”。此銘文有數字與戰國末年吴越國所出金文多相近。可見，當時吴越文化已開始從各方面影響中原。

八一　齊太宰盤

周赧王中期

釋文 唯王八月丁亥，齊太宰歸父，其爲忌沫盤，以瀟眉壽霝命難老。

考說 綜觀戰國末期中原及吴越諸國所出金文，瘦硬細長，結體已近秦詔版文。與商周文字比較，則着意於文字結構、章法的講求。這是中國南北方文化發展在文字上的表現。“忌”字下不從心，而從止。《説文》所無。“止”實爲“心”之變體。“忌”，恭敬之義。“沫”，《説文》：“沫，灑面也。”讀若會。《漢書·律曆志下》：“甲子，王乃洮沫水，作《顧命》。”顔師古注：“洮，盥手也，沫，洗面也。”“忌沫盤”即祭祀或在禮儀場合洗面所用之盤。“以”前人釋爲“臺”，又通“以”。古文“以”字本來從口，從人。漢《石門頌》《禮器碑》《張遷碑》《曹全碑》皆從口，左右结構。《西狹頌》則作上下結構。故“㠯”可直接釋爲“以”字，無須由“臺”通借。“霝”與“令”通。《正字通·雨部》：“霝，與令通。霝始霝終，即令始令終。”

八二　曾諸子鼎

周敬王早期

釋文　　曾諸子鑄，用作居鼎。用享于祖。子子孫永壽。

考説　　“曾諸子”，人名。或曾姓衆人。此器或爲集體製作。“居”惜“居”前損一字，未能盡識其意。以上下文關係考之，“居”前應爲一“新”字。“新”，金文作“”，細審殘筆，符合者多處。“曾諸子”因遷新居，故作鼎以爲紀念及感謝祖上恩德。文義正可通順。此器舊藏清代金石家程振甲處。振甲，字篆名，也園，號木庵，安徽歙縣人。其《木庵藏器目》載有此器。

八三　伯家父簋

周平王早期

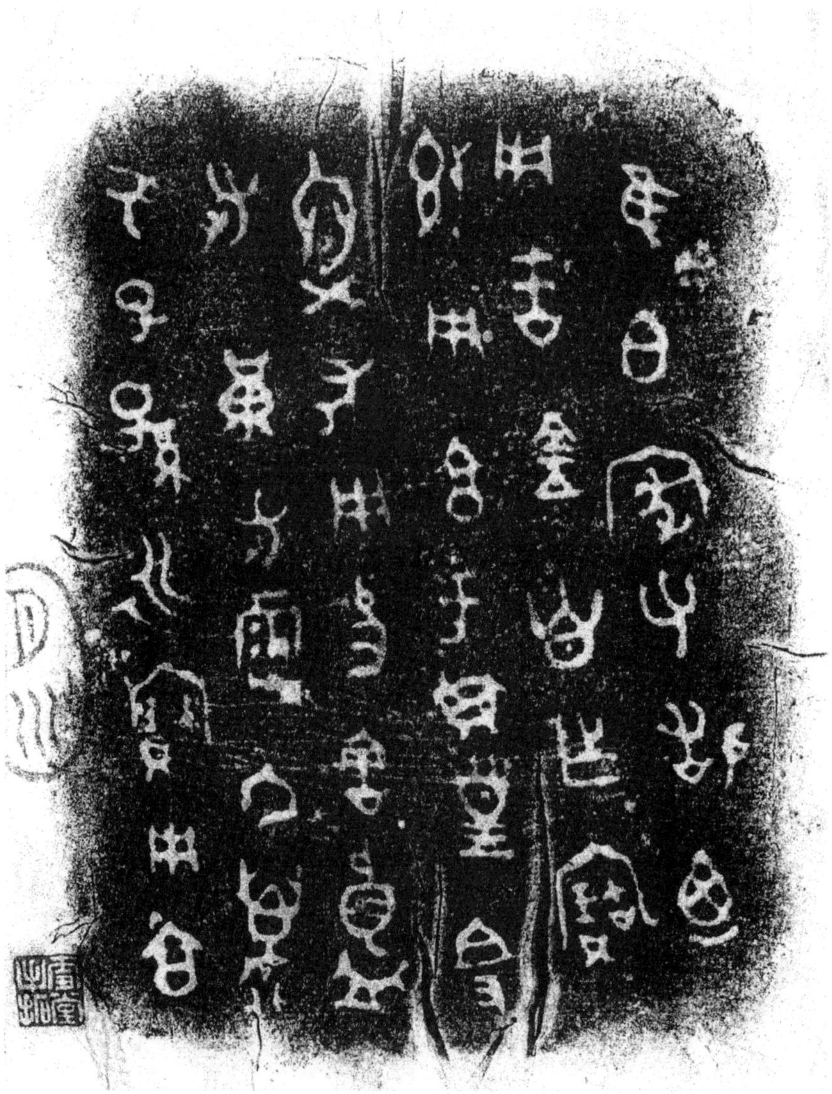

釋文 唯伯家父郜，迺用吉金，自作寶簋，用享于其皇祖文考。用錫，害眉壽黄耇，霝命萬年，子孫永寶用享。

考説 “郜”有釋作“造”者，不確。“郜”爲國名，周文王子所封之國，在今山東成武縣。春秋時爲宋國所滅，後人以國爲姓氏。“害”古音通“匄”，乞也，祈也。“黄耇”，“黄”，玉也，後作“璜”。又《易經》：“天玄而地黄。”黄，代表大地。“耇”讀如“苟”。《爾雅·釋詁上》：“耇，壽也。”漢《孔彪碑》：“當享眉耇”，故“黄耇”既有玉堅之壽，亦如地厚之壽。“霝”通“令”，齊侯鎛鐘銘：“霝命難老”即“令命難老”。此銘“命”字省寫作“[illegible]”。故前人皆未釋出。

八四　過伯簋

周敬王早期

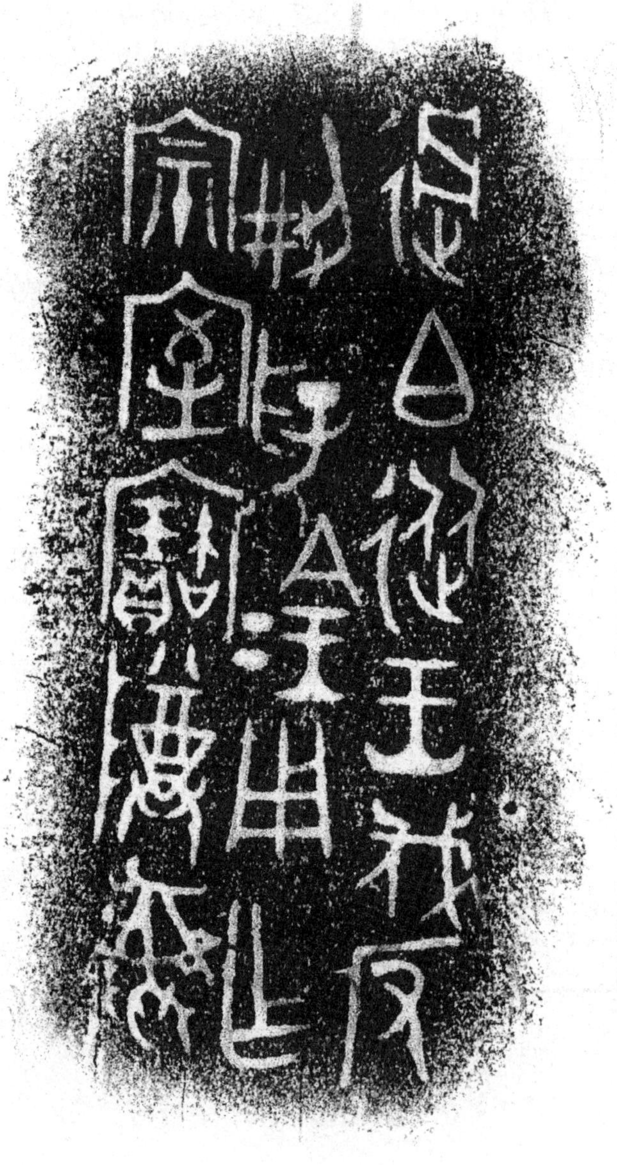

釋文 過伯從王伐反荆，俘金，用作宗室寶尊彝。

考説 自周武王立國至周赧王喪國，中原諸侯未敢稱王者。考諸史籍，周王歷次征伐也從未征伐過荆。吴太伯爲周太王之子，因讓王位而至吴地，并建吴國。自吴王壽夢起纔開始稱王。此銘“從王”，當是從吴王。“荆”，爲春秋時楚國的古稱。《國語·晋語六》：“鄢陵之役，晋伐鄭，荆救之。”注曰：“荆，楚也。”楚建國於湖北荆山一帶，故名之。考之楚與吴交惡，當在楚靈王時。《史記·吴太伯世家》：“十年，楚靈王會諸侯而以伐吴之硃方……”吴亦攻楚，取三邑而去。此年正是吴王余祭十七年。自余祭起，歷余昧、僚、闔閭、夫差共五王，數度伐楚。此器是“過伯”伐楚時用繳獲的“金屬”器物合製而成的禮器。因吴君稱王，其國内大臣亦有封“侯伯”者。

八五　伯我盤

周惠王早期

釋文　邛中之孫伯我，自作旅盤，永存用之。

考説　“邛”讀若江，通“江”。春秋時國名。國在今河南省正陽縣東南。春秋初曾附于齊、晋以抗楚。《左傳·僖公二年》：“齊侯、宋公、江人、黄人、盟於貫。”“邛中”即“邛仲”，人名。其孫曰“伯我”。“伯我”自作行旅之盤。銘文“永存用之”之“存”字，别器少見。諸金文字典亦未見録。

八六　義楚耑

周赧王中期

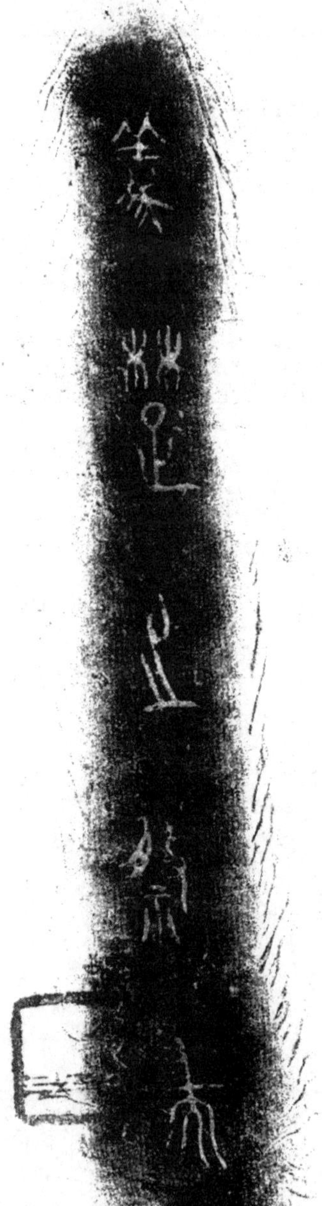

釋文　義楚之祭耑。

考説　“義楚”即與楚國結義、會盟。春秋戰國時期，楚國日見强盛，并時時攻伐中原諸國。許多小國畏楚，紛紛與楚國結義。此即結義儀式上的祭禮之器。“耑”，徐王義楚鍴銘文中之“耑”加金字旁，作“鍴”。讀若端。因“耑”器與觶器形同，可知“耑”即“觶”之别稱。“觶”，古代盛酒器，形細而端直。古人常以音言形，稱器名。因“觶”形端直，故稱其爲“耑”。

八七　虢叔旅鐘（一）

周成王早期

釋文　虢叔旅曰：丕顯皇考，惠叔穆穆，秉元明德。御于氒辟，得純亡敃。旅敢啓帥井皇考威儀，處御于天子卣。天子

考説　這是一件爲感父恩而作的器物。“虢叔”，爲周王季之子，周文王之弟。因封於“虢”，故稱“虢叔”。“旅”，“虢叔”之名，這是其他典籍中從未見到的。“皇考”，指周王季。“惠”，恩惠。“穆”，深遠邃長。自言受皇考恩惠深長。“元”，善之長也。《尚書·舜典》：“柔遠能邇，惇德允元。”“德”，品行節操。秉執善意，彰顯德行。駕馭掌握了那個至高的法度。所以，（虢叔旅）能得到純厚至美的品行，而去除掉惡悍的行爲。《説文》：“敃，强也。”强横，頑悍之義。下句言：虢叔旅大膽地用先父皇考的威儀，行於輔助天子的位置。“處”，前人釋爲“盧”“飲”，皆不確。觀此字形，上爲一戴冠之人坐于“几”上。

《説文》：“處，止也，得几而止。”“處”即言位置於某處。《道德經·六十六章》：“是以聖人處上而民不重，處前而民不害。”“御”，遠作，施行。“卣”，原義指酒具，《爾雅·釋器》：“卣，器也。”注曰：“尊彝爲上，罍爲下，卣居中。”《博物志》：“上公備物九錫……秬鬯一卣，珪瓚副之。”以上諸書皆言“卣”在祭祀大典上所處的位置。虢叔旅借卣自喻，表明自己處於輔助周王的位置。因周武王曾拜虢叔爲“師”。

虢叔旅鐘（二）

周成王早期

釋文　　（天子）多錫旅，休，旅對天子魯，休，揚。用作朕皇考惠叔大𣝗龢鐘。皇考嚴在上，翼在下。𧯷𢑚降旅多福。旅其萬年子子孫孫永寶用。

考說　　“大𣝗龢鐘”，鐘之名。“𣝗”又作“林”，《左傳·襄公十九年》：“季武子作林鐘。”“嚴”，指父親，“翼”，愛護，護持。“𧯷”即“豑”。《説文》：“豑，爵之次弟也。”今書作“秩”。爵，祭器，故從豊。故“𧯷”作次弟、依次解。“𢑚”通“彖”。《説文》：“彖，讀若蟬。”“𢑚”從水，形聲，或即今文之“潺”字。泉水流動之聲。“𧯷𢑚”，即依次不斷之義。

八八　𡨦簋

周成王晚期

釋文　唯廿又八年五月既望，庚寅。王在周康穆宫，旦，王格大室，即位。宰頟右寎入門，立中庭，北鄉（嚮）。史✡受王命書，王呼史涉册，錫寎玄衣、黹純、赤市、朱黄䜌旂、攸勒、戈琱、戜緐、必彤沙。寎拜稽首，敢對揚，天子丕顯魯，休。命用作朕皇考，奠伯奠姬寶簋，寎其万年□□子子孫孫永寶用。

考說　夏以後，商與周在黄河流域是平行發展的兩個族群。此時，“商”雖在中原建立了國家，但“周”在陜西亦具有完整的政權。《周禮・考工記》專門記述了周代建築宫室的制度——周明堂制。從本器銘文中可見：宫、室、門、庭及房屋朝嚮。周已具備較完善的文明生活方式。周的宫室、祖廟内都有“大室”。如後代的所謂“大殿”。“北鄉”即“北嚮”。王坐北朝南，臣覲王，自然北嚮。宫室朝南正是爲了接受陽光的照耀，可見古人已懂得對大自然的充分利用。“✡”，史官名，余以爲即“星”字。考諸甲骨文“星”常作“”或“▽”，二者重叠，仍可釋爲“星”，象形耳。“戈琱”即“琱戈”。“琱”通“彫”。言經過刻畫之戈。“戜緐”，即“戟絲”，金文“系”作“”“”。“戟絲”，用在戟杆上的絲織品。“必彤沙”，“必”是矛戟的柄，“彤”爲紅色，“沙”即“紗”。

八九　單伯盤

周穆王早期

釋文　單子伯，作寶盤。

考説　“單子伯”，周成王之幼子，姬姓，名蔑。封於“單邑”，伯爵。封地在今河南省孟津縣東南。從其封地及爵位，故稱“單子伯”。前人有釋爲姓氏者，不確。余見單伯所作器多種，有單伯鐘、單伯鬲、單子伯盨等。文字皆簡練清晰。

九〇　永宫鬲

周敬王早期

釋文 王作永宮齊鬲。

考說 此器銘從書法上觀之，用筆瘦硬俊朗，是典型的南派書風，爲春秋末期作品。是時，除周王外，諸侯間敢稱王者唯吴國而已。“王作”即吴王所作無疑。“永宮”宮殿名。“永”，古人常以此字表示長久居住，世代永守意。《論語·堯曰》：“四海困窮，天禄永終。”漢亦有“永寧宮”“永壽宮”等。“齊”同“齋”，此意秦漢以前典籍皆作“齊”。爲古人祭祀或典禮時所居宮室，而所有器物皆稱“齊器”。如齊宮、齊車、齊服等。“齊鬲”，即在“永宮”舉行祭祀或典禮上所用之器物。

九一　無惠鼎

周懿王早期

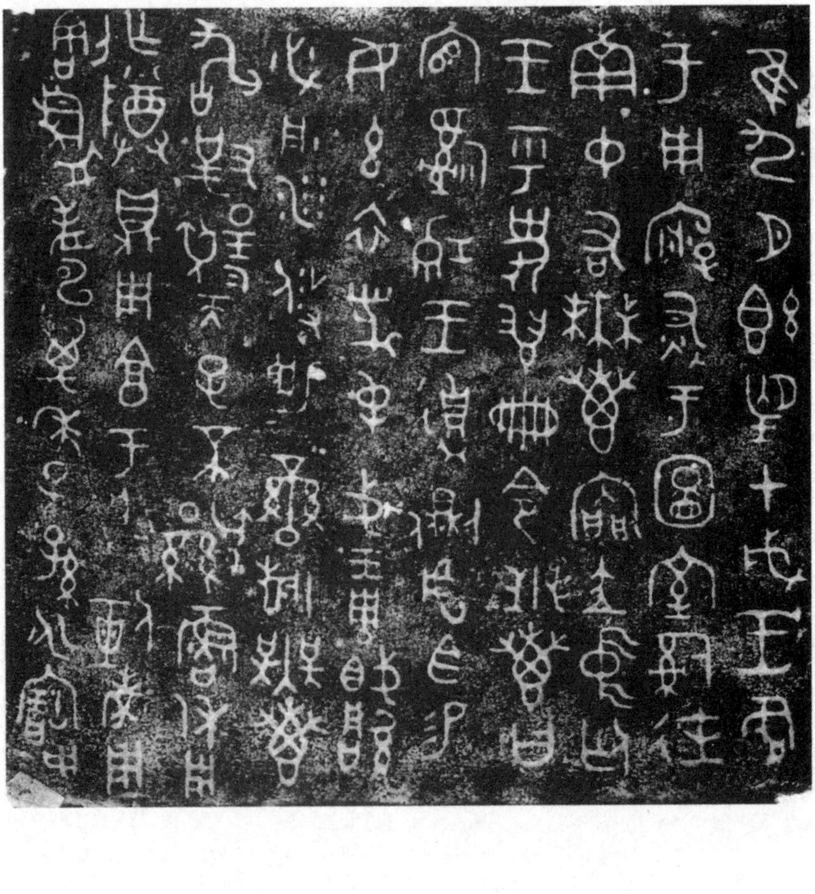

釋文　唯九月既望甲戌，王格于周廟，遂于圖室。司徒南仲右無惠，入門，立中庭。王呼史翏册命無惠曰：宦嗣穆王，逌側虎臣。錫女玄衣、黹純、戈琱、戟緌、必彤沙、攸勒、䜌旂。無惠敢對揚，天子丕顯魯，休。用作尊鼎，用享于朕烈考，用割（匄）眉壽，萬年子孫永寶用。

考説　據《周禮》，朝宫有三重門，一爲外朝，二爲治朝，三爲燕朝。一般接待大臣議事皆在外朝，即入第一重門處。故金文多作："入門，立中庭。""宦嗣穆王"。《説文》："宦，仕也。""嗣"借爲"伺"，即言無惠仕於周并伺奉穆王。"穆"字前人皆不能識，是不知其字已損矣。"逌"通"道"。"道側虎臣"，言無惠爲穆王麾下勇猛大將。《詩·周頌·雝》："既右烈考，亦右文母。""烈考"即"列考"。如後人之"列祖列宗"。由上可知，此鼎爲穆王之後，周恭王或懿王時代之物。

九二　孟簋

周康王晚期

釋文　孟曰：朕文考眔，毛公遣仲征無需，毛公錫朕文考，臣自氒工，對揚朕考錫，休，用宔絲彝作氒，子子孫孫其永寶。

考說　《說文》："眔，目相及也，從目，從隸省。"前人多釋作連詞"及"或"與"。余以爲，目所能相及，即有到達、到來之義。此處應作"還来"釋。首次出征歸來，"毛公"令"孟"的文考（先人）無須再出征。"遣"，使其、讓其義。此處當"令其"。"仲"，順序，第二。"毛公"，周成王、康王時大臣，受成王遺命輔佐康王。毛公鼎、班簋等器上之"毛公"皆爲其後裔。"用宔絲彝""宔"，《說文》無此字。矢方尊銘："令敢揚明公尹人宔。"辛伯鼎銘："宔絲五十寽"，"宔"即"宧"字變體。《說文》："宧，仕也。"與"頤"同。金文又借爲"作"字。"絲"即"玆"之省。

九三　師能尊

周幽王晚期

釋文　　師能罣仲寶彝。

考説　　師是官名，樂師之屬。《説文》：“能，熊屬，足似鹿，從肉，㠯聲，能獸堅中，故稱賢能。而强壯，稱能杰也。”“能”爲好字眼，故常作人名。“罣”，《玉篇・收部》：“罣，置也。”“置”，設立，製作。《管子・八觀》：“置法出令，臨衆用民。”余以爲多數情況下金文中“作季寶簋”“作仲簋”之“仲、季”應是古人製作器物時的“規格”尺度用詞。或是指在祭祀中器物的排列次序。

九四　异孟壺

周桓王中期

釋文　昪孟作監姬尊壺，子子孫孫永寶用。

考説　“昪”釋爲“登”，通“鄧”。春秋時國名，曼姓，侯爵。經典中有稱“鄧侯”者。《左傳·莊公十六年》記述：“楚滅鄧。”“鄧孟”人名，即鄧國有個叫“孟”的人或排行爲大的人。“監”通“鑒”，鏡子之屬。或言用物顯照自己，有“現”之義。此處爲人名。“姬”爲姓，又延伸爲“妻妾”之代稱。此壺即“昪孟”爲妻“監”而作。

九五　翼父簋

周平王晚期

釋文　季翼父徙，作寶簋，其萬年子子孫孫永寶用。

考說　“翼”，地名，春秋時晋國之故都。《左傳·隱公五年》：“莊伯以鄭人、邢人伐翼。”晋侯居翼，稱“翼侯”。後以地名爲姓氏。“季翼父”即翼姓排行第三的男子。《廣雅·釋言》：“徙，移也。”《周禮·地官·比長》：“徙于国中及郊。”《史記·殷本紀》：“殷民咨胥皆怨，不欲徙。”“徙”，遷移之義。“季翼父”欲遷移他處，或避難，或調職，故作寶簋以爲紀念。

九六　芮伯尊

周宣王晚期

釋文　　芮伯敓作鳌公尊彝。

考說　　“芮”，金文有作“内”者。古國名。《左傳·桓公三年》：“芮伯萬之母芮姜，惡芮伯之多寵人也，故逐之，出居於魏。”此“芮伯”之前人皆稱“芮伯”。史籍多有記載。《尚書·周书》：“巢伯來朝，芮伯作《旅巢命》。”此武王時之“芮伯”。《顧命》有“芮伯”，成王時之“芮伯”也。《毛詩序》云：“《桑柔》，芮伯刺厲王也。”本銘文中之“芮伯”即以上“芮伯”之一。“敓”，《説文》無此字。當是芮伯名。古器另有“敓簋”。“鳌”同“郃”，與“芮”同爲周内國。炎帝之後，姜姓，封地在今陝西省扶風縣。《詩·大雅·生民》云：“有郃家室。”“郃”或作“漦、鳌”。

九七　雔贏簋

周成王中期

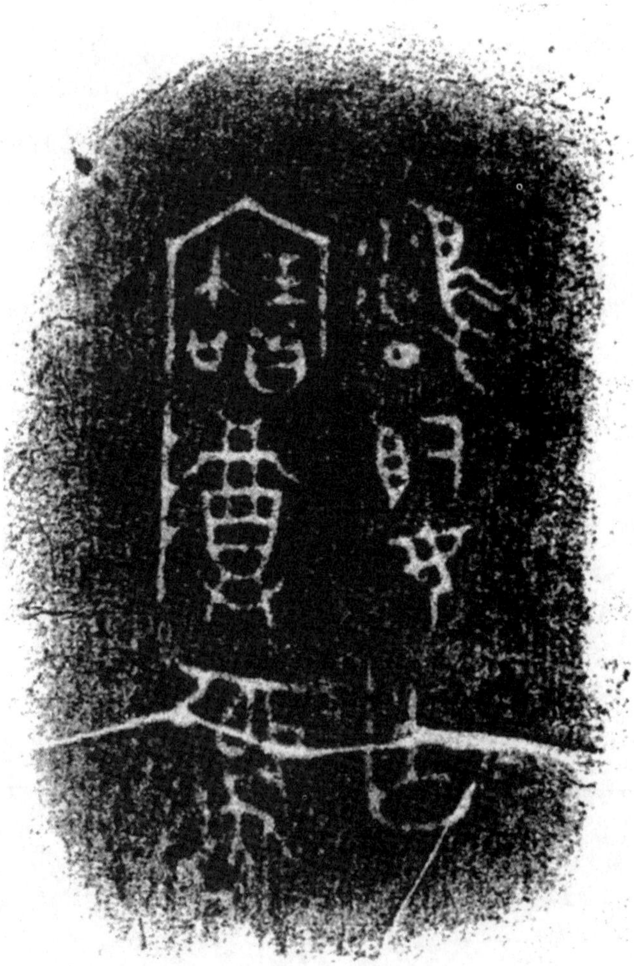

釋文 雝嬴作寶尊彝。

考說 “雝”通“雍”。爲周文王所封周畿内國之一。在今河南省泌陽縣東北，接修武縣界。《左傳·僖公二十四年》：“……郜、雍、曹、滕……文之昭也。”“嬴”，前人皆未釋出。“嬴”，從女蟲形。金文中亦有形極簡之“嬴”字者。如嬴氏鼎、樊夫人龍嬴壺等。此器“嬴”字上部“”似蟲身，“”爲蟲脚。亦是“嬴”字省寫之一種。“嬴”，姓氏，少昊氏之姓。後秦人亦“嬴”姓。“雝嬴”，嫁于雝國之嬴姓女子。其他如“芮姜”“鄭姬”皆是例。

九八　𤼈壺

周恭王中期

釋文　唯十有三年九月初吉戊寅。王在成周，嗣土淲宮。格大室，即位。徲父右㾓，王呼作册。尹册，錫㾓畫袍、牙僰、赤舄。㾓拜稽首，對揚。王休。㾓其萬年永寶。

考説　“格”有治理之義。此處當“陞座”於太室講。“徲父右㾓”。初，余以爲此句即徲父站在左邊，㾓站在右邊之義。至多讀其他銘文，乃悟此中“右”字應當“輔佑”之義講。如後世接見時所謂“作陪”者也。“”，前人釋爲“靳”，與文義不合。余以爲應釋爲“袍”字。“包”字部分寫在“衣”前上端。偏旁上下、左右移動在古文中是常見的事。“”考諸甲骨文及其他金文乃“包含”之義。與“衣”結合，正是“袍”字。

九九　圅皇父簋

周恭王中期

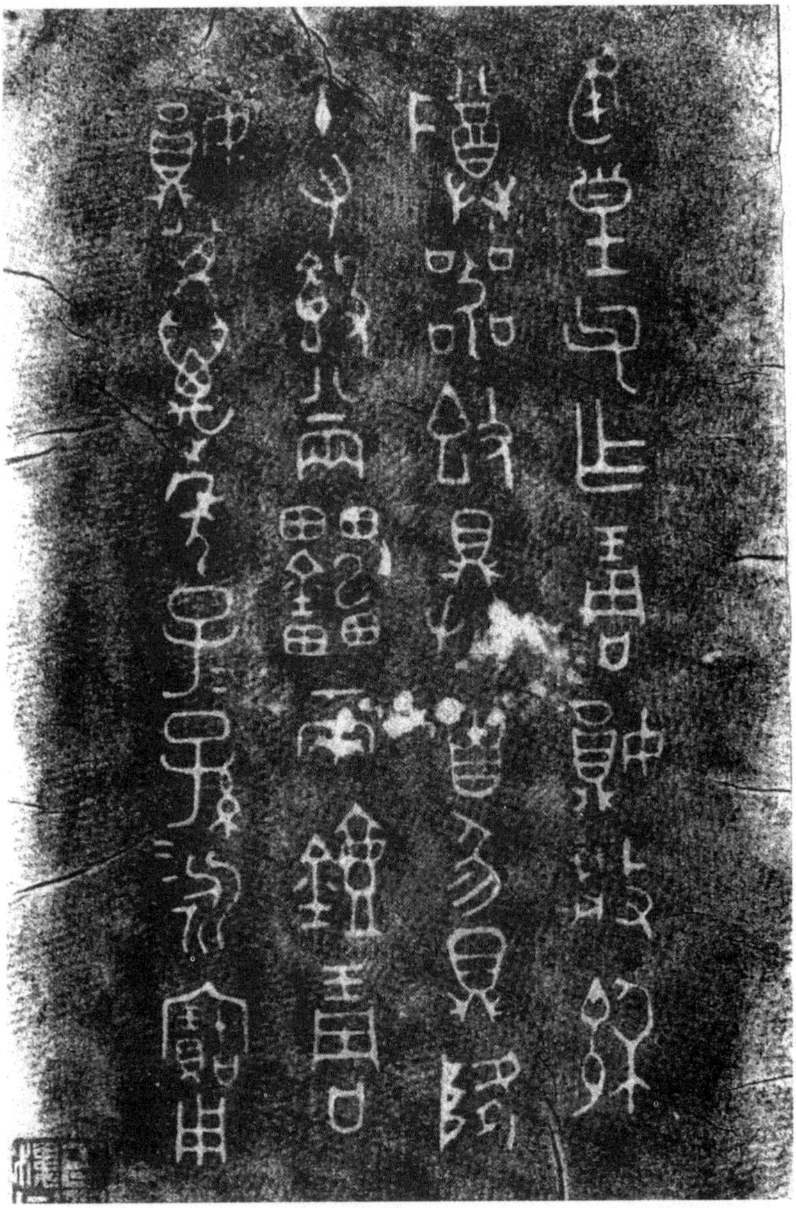

釋文　函皇父作琱娟盤、盉、尊器、簋鼎。自豕鼎降十，又簋八，兩罍兩壺。琱娟其萬年子子孫孫永寶用。

考説　商周青銅器，從用途上來劃分有祭器、禮儀用器、賸器、日常用器等。從文字叙述對象上分有自作自贊，有爲他人而作，有以第三者角度叙述。此器即第三者口吻。“函”，爲地名。“皇父”爲人稱。有以《詩》上“卿士皇父”證此器“皇父”即《詩》中之“皇父”，不確。春秋時期“皇父”者多矣。“罍”，用途有二：一爲酒具，《詩·周南·卷耳》：“我姑酌彼金罍，維以不永懷。”另一爲盥洗器皿，《儀禮·大射》：“設洗於阼階東南，罍水在東。”古人對罍器的製作極其講究。全身上下滿是雕工飾紋。故陳簠齋給一友人信中稱：能得到一罍器，爲一生大幸事矣。

一〇〇　處女鬲

周宣王早期

釋文　　王作姬處女尊鬲，子子孫永寶用。

考説　　周王爲其本族姬姓處女所作之器。“姬”，相傳爲黄帝之姓，周人之祖“后稷”亦爲姬姓。古稱未出嫁之女爲“處女”。《正字通·虍部》：“處，女未嫁曰處女，士未仕曰處士。”《莊子·逍遥游》：“綽約若處子。”成玄英疏：“處子，在室女也。”

主要參考書目

[1] 王國維著：《觀堂集林》，中華書局，1959年6月第1版。
[2] 張光直著：《中國青銅時代》，生活・讀書・新知三联書店，1983年9月第1版。
[3] 楊樹達著：《積微居金文説》，中華書局，1997年12月第1版。
[4] 容庚編著：《金文編》，中華書局，1985年7月第1版。
[5] 黄侃校點：《黄侃手批白文十三經》，上海古籍出版社，1983年1月第1版。
[6] 羅振玉著：《貞松堂集古遺文》，1931年上海綫裝影印本。
[7] 《漢語大字典》，四川辭書出版社，1995年5月第1版。
[8] 楊伯峻編著：《春秋左傳注》，中華書局，1990年5月第2版。
[9] 漢・许慎撰：《説文解字》，中華書局，1963年12月第1版。
[10] 漢・趙畔撰：《吴越春秋》，貴州人民出版社，1993年9月第1版。
[11] 漢・司馬遷撰：《史記》，中華書局，1959年9月第1版。

後記

十八年前，我的第一部金石學研究著作初稿完成，在各位師友的鼓勵下而得以面世。此後十幾年來，每到外地旅行，總能遇到喜歡書法篆刻的年輕人持此書相問。或問歷史事實，或問文字結體，或問金石掌故，殷切之情，渴學之貌，時時讓我感動。余之淺學之作能爲年輕學者所用，能使年輕人得以啓示，能爲社會文化有所裨益，此真我生之幸事。所以，思及書中有不少錯誤之處，便惶惶而不安了。二〇一五年春，陝西人民美術出版社擬將我的金文研究的文字重新排版刊行，定名爲《金文小考》。于是，我便鼓起勇氣來，歷時六個月將原稿細校删補一遍。訂正了不少錯誤，也增删了部分内容。雖自信對初學金文的人有一定的參考價值，但“錯如秋草難夷盡”，加之未能將近世所出歷史文獻資料充分運用，與此書中觀點相互印證，這也是一個遺憾。所以，書中難免有些疏忽之處，還望讀者原諒。

《金文小考》中除將所示金文簡要考説，有益于讀者對照釋讀之外，另一個價值點就是：書中所附金文拓本皆爲原大影印。這樣既能使讀者更清晰地感受金文書法的魅力，使臨習者不致有“霧裏看花”的迷茫，又能使文史研究者準確地分辨出歷史的痕迹與史實的表達。

在此書即將出版之際，我要感謝所有爲此書付出辛勞的人，特别要感謝在精神上給予我支持、鼓勵、安慰的遠方朋友。

宗鳴安記于西安曲江

二〇一九年十二月六日